돈을 버는 습관

돈을 버는 습관

초판 1쇄 인쇄 · 2018년 2월 05일
초판 1쇄 발행 · 2018년 2월 12일

지은이 · 이경윤
펴낸이 · 김명호
펴낸곳 · 도서출판 머니플러스
편   집 · 이운영, 전형수
디자인 · 정은진
마케팅 · 김미용, 문제훈
관   리 · 배현정

주   소 · 경기도 고양시 일산동구 호수로 358-25 동문타워 2차 917호
전   화 · 02-352-3272
팩   스 · 031-908-3273
이메일 · pullm63@empal.com
등록번호 · 제311-2004-00002호

ISBN 979-11-87314-36-3 (03320)

「이 도서의 국립중앙도서관 출판예정도서목록(CIP)은 서지정보유통지원시스템 홈페이지
(http://seoji.nl.go.kr)와 국가자료공동목록시스템(http://www.nl.go.kr/kolisnet)에서 이용하
실 수 있습니다.(CIP제어번호: CIP2018001631)」

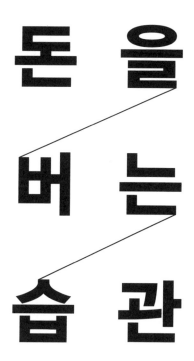

돈을 버는 습관

이경윤 지음

MP 머니플러스

차례

02 돈을 버는 재테크 습관

돈을 버는 습관과 성격

01 왜 돈을 버는
습관이 필요할까

프롤로그

오늘날 자본주의 사회를 움직이는 가장 큰 힘은 무엇일까? 이 질문에 대한 답으로 '돈'을 이야기할 때 아무도 저항을 하지 못할 듯싶다. 자본주의 사회에서 돈은 마치 거대한 황제처럼 군림하며 온 사람들의 마음을 빼앗는다.

종교에서 아무리 돈만 쫓는 건 속물이라며 도덕적 설교를 해도 사람들은 좀처럼 돈의 굴레에서 헤어나지 못한다. 모든 사람들이 서로 다른 일을 하고 있는 것처럼 보여도 결국 모두가 돈을 향해 한 방향으로 가고 있다.

돈이 종교가 된 시대를 살기에 사람들은 부자들을 부러워하며 어떡하면 나도 부자가 될 수 있을까 고민한다. 여기에 "나는 절대 그런 속물이 아니야."라고 외치는 사람도 예외가 아니다. 그 내면의 근원에는 분명 돈에 대한 갈망이 보이기 때문이다. 또 돈에 허덕이다 보면 누구라도 부자를 부러워하는 상황으로 빠져들 수밖에 없는 현실이다.

이런 환경 속에서 대한민국 사람들은 부자가 되기를 꿈꾸며 오늘도 열심히 하루를 산다. 부자에 대한 꿈이 구체적인 사람은 '부자 되는 법'이란 책이나 강의까지 들으며 관심을 보인다. 하지만 각박한 현실 속에서 부자되기란 쉽지 않다. 아니 이건 너무 어렵고 어쩌면 불가능한 일처럼 느껴지기도 한다.

그 부자가 부자된 가장 큰 이유는 무엇일까? 그것은 그가 분명 보통 사람과 다른 특별한 행동을 할 수 있었기 때문이었을 것이다. 그는 어떻게 특별한 행동을 할 수 있었을까? 특별한 행동을 할 수 있는 말과 생각을 갖고 있었기 때문이었을 것이다.

그는 어떻게 특별한 말과 생각을 가질 수 있었을까? 이렇게 꼬리에 꼬리를 무는 질문의 끝에서 찾은 답은 바로 '부자 마인드'였다.

결국 부자를 있게 해 준 것은 '부자 마인드'에서 출발한다. 빈자가 부자가 되지 못하는 이유는 '부자 마인드'가 없기 때문이다.

부자는 부자 마인드대로 생각하고 말하고 행동한다.

돈에 대하여, 사람에 대하여, 환경에 대하여 부자 마인드로 생각하고 말하고 행동한다.

그래서 그들은 부자가 된 것이다. 여기서 말하는 부자 마인드란 생각, 말, 행동으로 드러나는 부자들만의 습관이다. 빈자들이 부자 마인드를 캐치하지 못하는 이유는 부자 마인드가 놓치기 쉬운 생각, 말, 행동 등과 같은 사소한 것에서 드러나기 때문이다.

사소하게 생각하는 것에서…
사소하게 말하는 것에서…
사소하게 행동하는 것에서…

부자 마인드는 마치 햇빛, 공기, 물처럼 너무 흔해서 사소히 여기는 것에 숨어 있다. 생각, 말, 행동 등은 일상에서 누구나 하는 것들이다 보니 사소히 지나치기 딱 쉽다. 하지만 이 사소함 속에 부자의 비결이 있다.

빈자들은 이 사소함을 무시한 채 부자들의 특별함만을 따르려 하니 그게 잘 될 리 만무하다. 어떤 하나의 행동은 절대 하루아침에 나오지 않는 법이다. 오늘날 아무리 부자가 되고 싶으나 부자가 되지 못하는 사람들은 부자들의 작은 사소한 습관을 놓치고 있어 꿈을 이루지 못하고 있을 가능성이 매우 높다.

이런 이유로 나는 사소한 돈 버는 습관에 대하여 연구하기 시작했다. 부자 자신은 자신들의 그런 사소한 돈 버는 습관에 대하여 아무리 물어봐도 잘 모른다. 마치 자기 얼굴을 자신이 볼 수 없는 것처럼. 또 습관이란 게 무의식 속에 자리 잡고 있기에 잘 인식하지 못하는 이유도 있다.

이 때문에 부자들의 돈 버는 습관은 오히려 그와 떨어진 곳에서 그를 관찰할 수 있는 제3자의 눈에 더 잘 보일 수 있다. 내가 부자가 아니면서도 돈을 버는 사소한 습관이란 책을 쓰는 이유가 바로 여기에 있다.

　나는 지난 3년 전부터 인간의 습관에 대하여 공부해왔고 특히 성공자들의 습관에 대하여 깊이 탐구해 왔다. 그리고 '사소한 습관'의 중요성에 대하여 눈을 뜨게 되었고 그래서 이 책을 쓰고 있다.

　이 책에서는 부자들의 돈 버는 습관뿐 아니라 그들이 어떻게 이런 특별한 돈 버는 습관이 생길 수 있었는지 사소한 생각, 말, 행동 등에 묻어 있는 돈을 버는 습관에 대하여도 접근해 볼 것이다.

　부디 이 책을 통하여 꿈에 좀 더 가까이 다가가는 사람이 나온다면 더없이 좋겠다. 나아가 이 책의 습관 훈련에 매진하여 지금보다 더 나은 삶을 누리는 사람이 더 많이 나오길 기대해 본다.

저자

이 경 윤

1부

돈을 버는 습관

01

부자들의
돈을 버는
습   관

부자는 곱셈의 돈 벌기를 하고
빈자는 덧셈의 돈 벌기를 한다.

나는 어떤 부자가 되고 싶은가?
부자의 종류

부자라고 다 같은 부자가 아니다, 부자의 종류

강사가 청중에게 묻는다.

"여러분들 중 부자 되고 싶은 사람 손 들어보세요."

그러자 그 자리에 모인 청중 모두가 손을 번쩍 든다. 그러자 강사는 음흉한 미소를 머금으며 고개를 주억거린다. 그러면서 "부자 되고 싶으면 내 말 잘 들으세요." 하며 강의를 시작한다.

TV 강의에서 본 한 장면이다. 어쩌면 우리의 자화상을 보는 것 같은 느낌에 씁쓸하기도 하다. 어쨌든 자본주의 사회에서 돈이 제일이고 누구나 부자가 되고 싶어 하는 게 현실이다. 하지만 무작정 따라한다고 부자 되는 게 아니다.

막연히 부자가 되고 싶다며 무작정 따라하는 것보다 먼저, 어떤 부자가 되고 싶은지 구체적 목표를 설정하는 것이 부자의 길에 더 빨리 다가가게 해줄 수 있다. TV 뉴스에 흔히 나오는 졸부 같은 부자가 되고 싶은지? 아니면 좀 더 스마트한 부자가 되고 싶은지? 아주 큰 부자가 되고 싶은지? 아니면 소박한 부자가 되고 싶은지….

사람들은 돈만 많으면 부자라 생각하지만 부자에도 종류가 있는 법이다.

당신이 생각하는 부자는 다음 부자의 종류 중 어디에 속하는지 판단해 보라.

먼저 큰 부자와 작은 부자가 있다. 큰 부자라 하면 소위 대기업 재벌 등과 같이 최상위 부자를 일컫는다. 아마도 당신의 머리에 떠오르는 사람들이 있을 것이다. 이건희 삼성 회장, 정몽구 현대 회장…. 그 외 몇몇 재벌 기업 회장 등. 그 사람들이 바로 큰 부자다.

이런 큰 부자는 예부터 하늘이 내린다는 말이 있다. 즉, 큰 부자의 사주를 타고나지 않으면 절대 노력만으로 오를 수 없는 자리란 뜻이다. 그런 면에서 당신이 큰 부자의 꿈을 꾸고 있다면 먼저 사주를 알아보는 것이 가장 중요하다고 생각한다. 만약 사주에 큰 부자의 운이 있다면 노력해도 될 것이나 아니라면 헛고생만 캐는 꼴이 되고 말기 때문이다.

비록 부자의 팔자를 타고 나지 않았다 하더라도 노력으로 될 수 있는 부자는 작은 부자이다. 오늘날 수많은 성공자들이 이 작은 부자의 자리를 차지하고 있다. 그들은 그들 나름의 노력과 운으로 그 자리에 오른 것이다. 하지만 돈은 돌고 도는 것이기에 작은 부자의 자리는 오늘도 위치 이동을 하고 있는 모습을 볼 수 있다.

다음으로 지속적 부자와 일시적 부자가 있다. 지속적 부자란 적어도 3대 이상을 가는 부자다. 경주 최부자를 비롯하여 오늘날 몇 대째 재벌을 이어가는 부자들이 이에 해당한다. 일시적 부자는 당대에 자수성가로 부자의 반열에 올랐으나 오래가지 못한 채 부도가 나거나 다른 이유로 망해버려 부자의 자리에서 내려온 사람들이다. 또 부모덕으로 부자가 되었으나 그 부를 오래 버티지 못한 채 그 자리에서 이탈하는 사람도 일시적 부자에 해당될 수 있다.

중요한 것은, 현재 부자라도 자신이 지속적 부자가 아닌 일시적 부자에 해당한다면 언제 그 자리에서 떨어질지 모른다는 사실에 있다. 이러한 지속적 부자와 일시적 부자의 차이는 돈에 대한 마인드에서 결정적으로 갈라진다.

둘 다 돈을 아끼기는 하나 지속적 부자는 돈을 바르게 잘 쓸 줄도 알지만 일시적 부자는 돈을 바르게 잘 쓰는 방법을 모른다. 그래서 헛된 곳에 돈을 낭비해 버려 부를 박탈당하고 마는 것이다.

한편 부자는 전통형 부자와 신흥 부자로도 나눌 수 있다. 전통형 부자란 주로 사업과 부동산 등을 통하여 부를 축적한 부자들이다. 반면 신흥 부자는 주식이나 그 밖의 투자사업, 전문직 등을 통하여 부를 축적한 부자들이다.

강남에 가보면 이런 전통형 부자와 신흥 부자가 극명히 나뉜다.

전통형 부자들은 주로 압구정동이나 신사동 등에 산다.

하지만 신흥 부자들은 대치동, 도곡동 등에 산다. 전통적 부자들은 지극히 보수적 성향을 띠며 안정적 투자를 선호한다. 그래서 부동산이 그들의 주요 투자 수단이 된다. 하지만 신흥 부자들은 진보적 성향을 띠며 공격적 투자를 선호한다.

이러한 신흥 부자들의 또 다른 호칭이 강남 좌파이다. 신흥 부자들은 또한 자녀의 교육열이 대단하기로 유명하다. 이들 덕분에 강남이 대한민국 교육의 핵으로 자리 잡았다.

다음은 연세대 심리학과 황상민 교수가 심리학적으로 분류한 부자의 종류이니 참고하기 바란다.

배고픈 부자와 겉치레 부자가 있다. 배고픈 부자란 엄청난 재산을 가지고 있으면서도 10원 쓰는 것에 절절 매며 먹는 것은 밥과 김치가 전부고 입는 것은 작업복 수준이 전부인 부자이다. 그들은 오로지 자식에게 재산 물려주는 것이 인생의 목표이며 이를 위해 자신 스스로를 옥죄며 사는 사람들이다.

겉치레 부자란 자신의 부를 과시하며 사는 부자들이다. 이들은 모두가 부러워할 만한 대형주택에 떵떵거리고 살면서 화려한 외제차를 몰고 다니며 부를 과시한다. 말로는 남을 위해 살고 싶다고 말하지만 정작 죽을 때까지 남을 위해서는 돈 한 푼 쓰지 않는 경우가 태반이다. 안타깝게도 우리나라 부자의 대부분이 이런 모습이다.

또 좋은 부자와 나쁜 부자가 있다. 좋은 부자란 돈을 바르게 잘 쓰는 방법을 알고 이에 따라 실천하는 부자들이다. 이로 인해 좋은 부자들은 많은 사람들의 귀감이 되며 사회에 좋은 영향을 준다.

경주 최부자와 유한양행 유일한 박사 정도가 이에 해당한다고 볼 수 있다. 나쁜 부자는 오로지 돈을 위해서는 수단과 방법을 가리지 않는 부자들이다. 돈 때문이라면 가족 간 소송도 불사하며 법도 무시해 버려 주로 TV 뉴스에서 얼굴을 가리고 등장하기도 한다.

내가 되고 싶은 부자의 종류는?

부자의 종류를 언급한 이유는 부자가 되고 싶은 당신에게 부자의 실제를 알려주기 위해서다. 황상민 교수가 언급한 부자 중 좋은 부자를 빼고는 대부분 일시적 부자에 머물 가능성이 높다. 비록 현재는 부자지만 미래의 부자까지는 보장할 수 없다는 이야기다.

사람들의 눈은 마치 현재만 볼 수 있게 설계된 듯하다. 당장 부자가 되는 방법에만 골몰한 채 부자가 되기만 하면 그저 행복이 따라올 줄 착각하는 것이다. 원래부터 가난했던 빈자의 고통보다 부자의 자리에서 박탈당해 빈자가 된 고통이 백배 천배 크다는 사실을 명심해야 한다.

따라서 부자가 되겠다는 출발부터 나는 어떤 종류의 부자가 되겠다는 설계를 하고 시작해야 한다. 첫 단추를 잘못 채우면 결국 꼬이고 꼬여 망하는 법이다. 바른 부자의 상을 가지고 부자의 꿈을 향해 나아가야 한다. 그때 비로소 당신이 부르지 않아도 돈이 따를 것이며 당신을 부자의 길로 인도할 것이다.

나는 주변에서 좋은 부자의 꿈을 향해 달려가는 지인들을 많이 보고 있다. 글이 직업이다 보니 아무래도 보통 사람들보다는 셀럽들을 많이 만나게 된다. 그들 중에는 당장 부자 소리를 들어도 전혀 무리가 없는 이들도 꽤 있다.

하지만 그들은 한결같이 자신의 부를 뽐내지 않는다. 그리고 남들처럼 연휴 때 놀러 다니니, 맛있는 것 먹으러 다니니 하면서 소란을 떨지도 않는다. 그들은 오직 자신이 꿈꾸는 일을 향해 묵묵히 달려가는 모습만 보여준다.

놀라운 것은 이러한 사람들의 꿈이 거의 비슷하다는 사실이다. 그들의 꿈은 자신들만의 부를 축적하는 데 있지 않다. 그들은 미래에 큰돈이 모이면 사회를 위해 무엇인가 하고픈 꿈을 가진다. 사회의 불우한 계층에게 희망의 지식을 가르치는 희망학교, 사회 고령자들의 의미 있는 노후 삶을 위한 노인복지학교… 등.

돈의 본질은 악함이 아닌 선함에 있다고 했다. 결국 돌고 도는 돈의 최종 정착지는 사회의 유익을 위해 돈이 바르게 쓰이는 곳이다. 오늘도 돈은 그곳을 향해 달려가고 있다. 내가 이런 선한 목적을 가지고 돈을 존중하며 대할 때 돈은 자연히 나를 향해 모든 방향을 틀 수밖에 없다.

습관 코칭

핵심마인드맵

Talk episode 1 나는 어떤 부자가 되고 싶은가? 부자의 종류

핵심 생각 습관 정리

1. 큰 부자와 작은 부자가 있다.
2. 지속적 부자와 일시적 부자가 있다.
3. 전통형 부자와 신흥 부자로도 나눌 수 있다.
4. 배고픈 부자와 겉치레 부자가 있다.
5. 좋은 부자와 나쁜 부자가 있다.

나의 대안

1. 원래부터 가난했던 빈자의 고통보다 부자의 자리에서 박탈당해 빈자가 된 고통이 백배 천배 크다.
2. 돈의 최종 정착지는 사회의 유익을 위해 돈이 바르게 쓰이는 곳이다.

Episode 2

부자와 빈자를 가르는
돈 버는 습관

빈자의 돈 벌기, 부자의 돈 벌기

부자와 빈자의 차이는 당연히 돈 벌기에서 결정된다. 빈자는 덧
셈의 돈 벌기를 하나, 부자는 곱셈의 돈 벌기를 한다. 이에 관하여
로버트 기요사키의 〈부자 아빠 가난한 아빠〉는 '경제 4분면 그래
프'를 통하여 부자와 빈자의 돈 벌기 차이를 확실한 보여주고 있다.

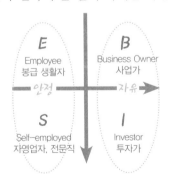

이 그래프에서 좌측은 돈과 시간을 맞바꾸는 직업이다. 대표적으로 봉급생활자와 자영업자, 전문직 등이 이에 해당한다. 이 직업들의 특징은 시간과 돈을 맞바꾸는 일을 한다는 데 있다. 따라서 어디 아프거나 사고로 쉬게 된다면 더 이상 돈이 나오지 않는다는 단점을 갖는다. 또 이 직업군들의 경우 고액 연봉자가 아니라면 돈에 대해 자유롭지 못하다.

고액 연봉자라 하더라도 지출 규모가 크기에 큰돈을 모으지 못한다. 아마도 시간과 돈을 맞바꾸는 구조에서 받는 스트레스 때문일 수도 있다. 그래서 이 직업군에서는 부자가 잘 나오지 않는다.

이 그래프에서 우측에 해당하는 기업가나 투자가는 시간에서는 비교적 자유로운 직업이다. 자신이 그 일에 직접 매달려 있지 않아도 돈이 벌리는 시스템이 갖춰져 있기 때문이다. 그들이 다른 일을 하고 있더라도 또는 휴가를 즐기고 있더라도 그들의 시스템은 계속 돌아가기에 돈은 벌리고 있다.

이것이 이 직업군의 가장 큰 장점이다. 인세 수입을 받는 작가나 예술가들도 여기에 해당될 수 있다. 이 직업군의 단점은 사업이나 투자가 잘못될 경우 마이너스 수입이 생길 수도 있다는 데 있다. 하지만 잘 될 경우 매우 규모가 큰 이익을 발생하기에 대부분의 부자가 이 직업군에서 나온다.

로버트 기요사키의 '경제 4분면 그래프'에서 얻을 수 있는 유익은 정말로 부자가 되고 싶은 사람에게 위 4가지 직업군 중 어느 방향을 향해야 할지 길을 제시해준다는 데 있다.

한편, 부자와 빈자의 돈 벌기 차이를 극명하게 보여주는 직업의 구분법이 있다. 나는 과거에 지금은 공부 컨설턴트로 활동하고 있는 민성원 연구소 민성원 소장의 강의를 들은 적이 있었는데, 그가 정의한 직업의 구분이 인상 깊어 뇌리에 각인되어 있다.

그는 세상의 직업을 수학적으로 볼 때 다음과 같이 세 종류의 직업이 있다고 주장했다.

$$Y = \sqrt{X}$$
$$Y = X$$
$$Y = X^2$$

첫 번째 $Y = \sqrt{X}$ 의 직업은 대부분 직장인에 해당하는 직업이다. 이들은 자신의 노력이 100이라 했을 때 10($10 = \sqrt{100}$)의 수입을 얻는다. 좀 극단적인 표현이긴 하지만 대부분 직장인들의 경우 자신의 노력으로 얻은 이익의 50 이상은 절대 가져갈 수 없는 구조다. 왜냐하면 나머지 수익으로 회사를 꾸려가야 하기 때문이다.

다음으로 $Y = X$의 직업군은 자영업자나 전문직 종사자 등이 해당된다. 이들은 자신의 노력이 100이라 했을 때 100 다 가져간다. 그래서 실패만 하지 않는다면 $Y = \sqrt{X}$ 의 직업군보다 훨씬 높은 수입을 얻을 수 있다.

이제 부자가 될 가능성이 가장 높은 직업군은 $Y = X^2$ 이다. 이들은 자신들의 노력 100을 투자했을 때 노력 이상의 수입을 얻는다. 극단적이긴 하지만 공식대로 대입해 보면 100을 투자했을 때 10,000을 얻는다. 이러한 직업군으로는 기업가나 투자가 등이 해당될 수 있다.

위의 직업별 수학공식은 우리사회에 존재하는 직업군의 노력 대비 수입 구조를 수학적으로 아주 잘 표현하고 있다고 생각한다. 이 공식에서 부자들은 어떤 원리의 돈 벌기를 하고 있기에 부자가 되었는지 잘 알 수 있다.

바로 부자들은 곱셈의 돈 벌기가 습관화돼 있다. 반대로 빈자들은 어떤 원리의 돈 벌기를 하고 있기에 빈자가 되었는지도 잘 알 수 있다. 빈자들은 덧셈의 돈 벌기가 몸에 배 있다.

부자들은 돈이 돈을 버는 구조의 돈 벌기를 한다. 하지만 빈자들은 시간과 돈을 맞바꾸는 구조의 돈 벌기에 급급하다.

빈자들의 돈 벌기가 힘들 수밖에 없는 이유는 명징하다. 시간과 돈을 맞바꾸는 일을 하기에 힘이 많이 든다. 때로는 아플 때도 일을 해야 하고 때로는 힘들 때도, 싫을 때도 일을 해야 한다. 그래서 스트레스가 극심하다.

이 스트레스를 해소해야 하기에 과소비로 스트레스를 푼다. 지출이 심하므로 돈이 모이지 않는다. 이것이 빈자들이 겪는 악순환의 고리다. 이 구조 속에서는 몇몇 초고액 연봉자가 아니라면 부자가 되기 매우 힘들 수밖에 없다.

반면 부자들의 돈 벌기는 상대적으로 힘이 덜 든다. 시간과 돈을 맞바꾸는 돈 벌기가 아니라 돈이 돈을 버는 돈 벌기를 하고 있기 때문이다. 그들은 골프를 치고 있을 때도 해외여행을 즐기고 있을 때도 사우나에서 휴식을 취하고 있을 때도 돈을 벌고 있다. 돈이 돈을 버는 시스템을 사용하기 때문이다. 이제 당신이 부자가 되고 싶다고 했을 때 어떤 돈 벌기를 해야 할지 그것은 당신의 선택에 달려 있다.

돈이 돈을 버는 시스템, 투자

돈이 돈을 버는 시스템이란 어떤 것일까? 대표적으로 투자가 있다. 투자의 종류에는 우리가 익히 알고 있는 부동산, 주식, 펀드 외에도 외환, 특별자산(미술품, 예술품, 금, 석유 등), 사업 투자 등 다양한 분야가 있다.

내가 아는 지인은 지방 부호의 아들이었기에 아버지의 도움으로 젊은 시절부터 큰 사업을 벌였다. 하지만 곧 부도가 나서 도망 다니는 신세가 된다. 그는 가까스로 채무액을 털고 아버지의 도움으로 1990년대 초 불과 1억 원이 채 되지 않는 돈으로 서울 도봉구에 작은 집을 한 채 구입한다.

그런데 이 집값이 얼마 지나지 않아 몇 배가 올랐다. 그는 당장 그 집을 팔아 얼마간 대출을 끼고 4층짜리 상가건물을 구입한다. 임대 수익자가 된 것이다. 그는 임대 수입과 동시에 직장생활로 번 돈을 저축해 빚을 갚는다. 그 사이 상가건물의 집값이 또 몇 배 뛰어오른다.

그는 그 차액으로 대출을 받아 다시 상대적으로 싼 경기도 시흥에 상가건물을 구입했다. 놀라운 것은 시흥의 상가건물 역시 사고 난 후 가격이 급등한 것. 그는 이런 식으로 계속 부동산을 늘려나가 지금은 수채의 부동산과 수억의 예금을 가진 수십 억 자산가가 되어 있다. 불과 10년이 조금 넘는 사이에 일어난 일이다.

나는 처음에는 지인이 그저 운이 좋아 부자가 되었다고 생각했다. 어떻게 사는 족족 집값이 몇 배나 오를 수 있단 말인가. 그런데 빈자 지인들의 한숨소리를 들으며 부자 지인의 운이 단지 운이 아님을 깨달을 수 있었다. 빈자 지인들이 주로 하는 소리가 있다.

"에휴, 집을 팔았는데 그 집값이 몇 배나 뛰었대 글쎄."

"집을 샀는데 집값이 뚝뚝 떨어져…."

이건 그저 운 때문에 일어난 일이라기 보다는 감의 차이에서 일어난 결과로밖에 볼 수 없다.

부자 지인은 자신의 감을 증명하는 일을 또 한 번 보여주었다. 2016년 무렵은 부동산 침체기로 부동산에 투자하는 것은 바보쯤으로 인식되던 시기다.

그런데 강원도 동해 쪽에 무턱대고 여러 채의 부동산을 구입한다는 것이다. 그것도 몇 천만 원짜리 싼 아파트를! 내가 보기에도 이건 아니다, 싶을 정도로 무리한 투기처럼 보였다.

그런데 이게 웬일인가. 이번에도 그의 감은 적중했다. 요즘 같은 부동산 침체기에 가격이 무려 2배 이상 뛴 것이다. 이뿐이 아니었다. 뉴스에서 서울양양고속도로 개통소식이 들렸다. 그때서야 나는 아! 하고 탄식을 내뱉을 수밖에 없었다. 그에게는 대대로 내려오는 부자 DNA가 있다고!

나이 지긋한 부자들 중에는 부동산 투자에 일가견이 있는 분들이 많다. 부동산 투자는 시스템이 만들어지면 돈이 돈을 버는 대표적 구조다. 부동산 그 자체의 가격이 오를 수도 있고, 아니더라도 월급처럼 매달 나오는 월세가 있다. 이것이 부동산 투자의 매력이다.

부동산 투자 외 대표적인 것이 주식 투자다. 1997년 삼성전자 주가가 3만 원대였다. 그런데 2017년 12월 삼성전자 주가가 260만 원이다. 20년 사이에 무려 87배가 뛰어오른 것이다. 만약 1997년 아이를 낳은 누군가가 삼성전자의 미래를 바라보고 아이의 미래를 위해 115만 원어치 주식을 사주었다면 지금 스무 살이 되었을 그 아이의 통장에는 1억 원의 돈이 저금돼 있을 것이다. 이것이 주식 투자의 메리트다.

주식 투자 외 외환 투자도 있는데 이는 생소한 사람들도 많을 것 같다. 최근 국제관계 강의로 활발한 활동을 벌이고 있는 김정민 박사라는 분이 있는데, 이 분이 외환 투자로 1억 원 번 이야기가 외환 투자에 대한 당신의 이해에 도움을 줄 수 있을 것 같다.

김정민 박사는 ROTC로 군 복무를 하던 중 한 뉴스를 보게 된다. 부잣집만을 전문으로 터는 도둑이 붙잡혔는데 그의 말인즉슨 부잣집마다 달러가 가득 쌓여 있더라는 것이다. 당시 도둑은 달러의 가치를 모르기에 현금만 털었다고 했다.

김정민 박사는 뭔가를 직감하고는 당장 자신의 재산 전부를 털어 달러를 산다. 당시 달러 환율이 830~850원을 오가고 있었다. 놀랍게도 그때부터 달러가 오르기 시작하여 무려 2,000원을 가뿐히 넘어섰다. 그는 최고점을 찍었을 때 달러를 팔아 무려 1억 원의 차액을 남겼다.

김정민 박사는 어떻게 뉴스만 보고 달러가 오를지 예상할 수 있었을까? 부자들은 그냥 부자가 아니다. 돈에 대해서는 동물적 감각이 있기에 부자다. 그 부자들이 하나같이 달러를 사두었다면 이건 분명 돈 되는 달러임에 틀림없다. 아마도 당시 부자들이 달러를 사들여 집에 쌓아둔 이유는 곧 달러의 가치가 오를 것을 예견했기 때문이었으리라.

당시는 달러를 현금으로만 보유할 수 있던 시대였다. 그 즈음이 1997년으로 외환위기가 터지기 직전이다. 우리나라는 결국 외환 부족으로 외환위기를 맞게 된다.

외환이 부족하다는 것은 원화보다 달러가 귀함을 뜻하니 원화의 가치는 떨어지고 당연히 달러의 가치가 오른다. 김정민 박사는 이런 부자의 심리와 국제관계와 경제 지식에 해박했기에 과감히 달러에 투자할 수 있었으며 막대한 수입을 챙길 수 있었다.

물론 이런 투자에 아무나 뛰어 들어선 곤란하다. 주변에 투자

잘못했다가 망했다는 사람이 많다면 절대 사절이다. 주변에 투자 비전문가들이 많이 모여 있어 그 역시 투자에 실패할 확률이 높기 때문이다.

혹 주변에 투자에 성공했다는 사람이 많을 경우 도전해봄 직하다. 주변에 투자 전문가나 투자 감이 있는 사람들이 모여 있을 가능성이 높아 성공할 확률이 높기 때문이다. 단 이 경우라도 반드시 그 지인에게 정보를 얻고 또 그 투자에 대한 깊은 공부를 한 후 자신감이 섰을 때 비로소 투자해야 한다.

투자란 간단한 것이 아니다. 앞의 부자 지인처럼 특정 분야에 대한 촉이 있다면 특별한 공부가 필요하지 않을 수도 있다. 하지만 이러한 촉 역시 수많은 경험이란 공부 끝에 나온 것임을 명심해야 한다.

즉, 내가 투자가가 되고 싶다면 일단 투자에 대한 공부부터 시작해야 한다. 김정민 박사가 외환 투자에 성공할 수 있었던 것은 경제에 대한 남다른 지식이 있었기 때문임을 명심하라.

투자에 대한 공부는 먼저 경제 일간지를 읽는 것으로부터 출발해야 하며 어느 정도 경제에 대한 지식이 생기면 공부 분야를 확장해 나가야 한다. 경제란 단지 경제만으로 존재하지 않으며 정치, 국제관계, 역사, 문화 등과 복잡하게 얽혀 흘러간다. 따라서 정말 경제의 흐름을 바르게 읽기 위해서는 경제뿐만 아니라 정치, 국제관계, 역사, 문화 등에 대한 공부까지 병행해야 할 필요도 있다.

예를 들어 어느 대기업 주식에 투자한다고 했을 때 그 대기업의 미래가 단지 경제 흐름만으로 점칠 수 없으며 기업 내부의 복잡한 문제, 정치, 국제관계와 관련하여 복잡하게 얽힌 가운데 펼쳐질 것이다.

따라서 이에 대한 해박한 지식을 갖고 있다면 미래의 트렌드를 읽을 수 있을 것이며 그 기업의 미래도 어느 정도 예감할 수 있게 된다. 이처럼 투자에는 반드시 공부가 뒤따라야 함을 명심해야 할 것이다.

돈 버는 시스템 - 사업, 인세

〈희망을 끓이는 남다른 감자탕 이야기〉의 저자 이정열 대표는 감자탕 집을 시작한 지 불과 수년 만에 100억 원을 벌었다고 한다. 어떻게 이것이 가능할까? 만약 하나의 식당에서 5년 만에 순수익 100억 원을 벌려면 1년에 20억 원을 벌어야 한다.

1년에 20억 원을 벌려면 적어도 40억 원 이상의 매출을 올려야 한다. 1년이 365일이니 하루도 안 빠지고 영업을 한다고 했을 때 매일 천만 원 이상의 매출을 올려야 한다는 결론이 나온다. 물리적으로 불가능한 수치다.

이정열 대표가 100억 원을 번 비결은 체인점 사업이다. 하나의 식당이 잘 되자 또 하나의 식당을 늘려 체인점 사업으로 확장해 나갔다. 이때 중요한 것이 또 다른 체인점이 처음 잘 되던 식당과 똑같은 환경에서 똑같이 잘 되어야 하는 부분이다.

이를 위해 이정열 대표는 먼저 직영점을 열어 정말 똑같이 잘 되는지 확인 검증을 거쳐 체인점을 늘려나갔다고 한다. 결국 이정열 대표는 체인점 방식의 사업 시스템으로 불과 수년 만에 100억 원을 벌 수 있었다.

돈이 돈을 벌게 하기 위해 돈을 버는 시스템을 만드는 방법이 있다. 앞의 체인점 사업 시스템이 좋은 예다. 그외 사업이라는 이름 붙는 것들이 대부분 돈 버는 시스템을 구축하여 돈 버는 예다.

즉 돈 버는 시스템을 갖추면 내가 직접 노력하지 않아도 시스템이 돈을 벌어준다. 부자들은 이런 돈 버는 시스템을 잘 활용하는 사람들이다. 반면 빈자들은 돈 버는 시스템에는 관심 없고 오직 남의 시스템에 의지하여 노동력으로 돈을 벌려 하는 사람들이다.

돈 버는 시스템 구축의 또 다른 방법으로 인세가 있다. 최근 가수 고 김광석 자살 사건이 다시 재조명되며 도마 위에 오른 적이 있었다. 그때 사람들의 관심이 모은 것이 김광석의 음악 저작권료였다. 지금 김광석은 노래를 하고 있지 않을 뿐 아니라 이 세상 사람이 아님에도 저작권료가 계속 나오고 있다는 것이다. 그것도 수억이 넘는 막대한 저작권료가!

이러한 저작권료 수입을 인세라 한다. 음악뿐만 아니라 책, 사진, 영상 등 모든 저작물에 대하여 팔린 금액의 얼마를 저작권료로 지급받는 것이 인세다. 인세의 매력은 한 번 시스템만 구축해 놓으면 내가 일하지 않아도 돈이 샘물처럼 끝없이 솟아나온다는 데 있다.

책의 경우를 예로 들면, 보통 책을 쓴 저자들은 인세로 책 판매 금액의 10% 정도를 지급받는다. 요즘 보통 책값이 만 오천 원 정도 하므로 만 오천 원짜리 책 한 권이 팔리면 저자가 인세 천오백 원을 받는 식이다. 만약 이 책이 만 권 팔린다면 저자는 천오백만 원의 인세를 받는다.

십만 권 팔린다면 1억 5천만 원이므로 장난 아니다. 인세의 매력은 이게 일회성으로 끝나지 않고 매번 팔릴 때마다 지급된다는 사실에 있다. 10년 후에도 팔린다면 10년 후에도 인세는 나온다. 만약 김광석처럼 사후에도 마찬가지다. 물론 이때는 상속자가 인세를 대신 지급받는다. 현재 인세 지급의 법 규정은 사후 70년까지다.

그러므로 인세를 받는 시스템을 구축하는 것이야말로 시스템이 돈을 벌게 해 주는 매력적 방법이라 하지 않을 수 없다. 최근 중국에서 인기를 끌고 있는 27살 판타지 소설가 톈찬투더우(天蚕土豆, 필명)는 그의 판타지 소설 인기로 인해 한해 인세 수입만 1,000만 위안(약 16억 원)을 훌쩍 넘어섰다고 하니 대륙의 위엄이 놀랍다. 우리나라에도 초베스트셀러 작가 중 이런 인세 수입을 얻는 작가가 있기도 하다.

핵심마인드맵

Talk episode 2 부자와 빈자를 가르는 돈 버는 습관

핵심 생각 습관 정리

1. 빈자는 덧셈의 돈 벌기를 하나 부자는 곱셈의 돈 벌기를 한다.
2. 부자들은 돈이 돈을 버는 구조의 돈 벌기를 한다. 하지만 빈자들은 시간과 돈을 맞바꾸는 구조의 돈 벌기에 급급하다.
3. 내가 투자가가 되고 싶다면 일단 투자에 대한 공부부터 시작해야 한다.
4. 투자에 대한 공부는 경제 일간지를 읽는 것으로부터 출발해야 하며 어느 정도 경제에 대한 지식이 생기면 공부 분야를 확장해 나가야 한다.

나의 대안

1. 당신이 부자가 되고 싶다고 했을 때 어떤 돈 벌기를 해야 할지 그것은 당신의 선택에 달려 있다.
2. 돈을 버는 시스템을 갖추면 내가 직접 노력하지 않아도 시스템이 돈을 벌어주는 것이다.
3. 인세를 받는 시스템을 구축하는 것이야말로 시스템이 돈을 벌게 해 주는 매력적 방법이다.

Episode 3

부자와 빈자를 결정짓는 돈 쓰기

가난도 잘못이다, 빈자는 돈 쓰기에 실패한 사람

"태어날 때 가난한 건 당신의 잘못이 아니지만 죽을 때 가난한 건 당신의 잘못이다."

이는 세계 최고의 부호 빌 게이츠가 한 말이다. 아마 누구도 이의를 달 수 없을 만큼 공감이 갈 것이다. 물론 마치 가난이 큰 죄인 것처럼 느껴지는 부분이 없지 않지만, 만약 가난 때문에 고통을 받고 있다면 가난도 분명 무언가 잘못되었기에 닥치는 것이라 할 수 있다.

그런 의미로 '가난도 잘못이다'라는 명제를 던지고 싶다. ─ 여기서 가난이란 상식적 가난이 아니라 돈에 쪼들리며 사는 모든 것을 뜻함을 이해해 달라.

왜 대부분의 사람들은 돈에 쪼들리며 살까? 나는 가장 큰 이유가 돈을 많이 못 벌어서라기보다 돈을 잘못 써서 생긴다고 생각한다. 아무리 돈을 많이 벌어도 그보다 더 많이 써버린다면 쪼들림에서 절대 해방될 수 없다. 그런 면에서 나는 부자와 빈자를 결정 짓는 가장 큰 이유도 바로 돈 쓰기에 있다고 생각한다.

정말 부자들이 돈 쓰는 모습과 빈자들이 돈 쓰는 모습은 확연히 갈린다. 〈1억 모을래? 그냥 살래?〉라는 책에서 맹재원 소장은 돈 쓰기에도 다음과 같이 종류가 있다고 이야기한다.

$$낭비 - 지출한 돈 \rangle 내가 받은 가치$$
$$소비 - 지출한 돈 = 내가 받은 가치$$
$$투자 - 지출한 돈 \langle 내가 받은 가치$$

첫 번째 낭비는 내가 받는 가치보다 지출한 돈의 규모가 더 큰 경우다. 낭비는 주로 자신의 욕망을 풀려고 할 때 일어난다. 낭비가 심한 사람은 절대 부자가 될 수 없다.

두 번째 소비는 내가 받는 가치와 지출한 돈의 규모가 같은 경우다. 보통의 사람들은 이런 종류의 지출을 하고 산다. 때로는 소비와 낭비의 경계선을 오가면서. 하지만 소비만으로는 돈의 가치를 저축할 수 없다.

마지막 투자는 돈 쓰기에서 의외의 단어다. 하지만 투자는 현재 상황에서 엄연한 지출이므로 분명 돈 쓰기에 해당한다. 그런데 투자는 내가 받는 가치가 지출한 돈의 규모보다 더 큰 경우다. 실제 어딘가 투자한다고 했을 때 그 투자금보다 더 높은 이익을 기대하고 투자하지 더 낮을 경우 투자하지 않는다. 그래서 투자는 돈을 쓰면서도 사실은 돈을 버는 행위가 된다.

주목할 것은 부자들은 위의 세 가지 돈 쓰기 중 소비와 투자를 반복한다는 사실이다. 그리고 소비와 투자 중 투자에 절대적인 돈을 쓴다. 하지만 빈자는 낭비와 소비에는 익숙하지만 투자는 아예 모르거나 서투르다. 그래서 어딘가 투자했다 하면 망하거나 어디 있던 집을 팔고 나면 갑자기 집값이 두 배로 뛰는 현상에 허덕인다.

명심할 것은, 빈자들은 대부분 돈 쓰기에 실패하는 사람들이란 사실이다. 만약 지금부터 마음먹고 나도 돈 쓰기에 성공하고 싶다면 이제부터 하는 부자들의 돈 쓰기에 집중해 보라. 만약 당신이 부자들의 돈 쓰기를 나의 습관으로 만들 수 있다면 이제 당신도 부자가 될 준비태세를 갖추었음을 뜻한다.

부자들은 생각 없이 돈을 쓰지 않는다

나는 돈에 대한 본질을 몰랐을 때 돈을 아무 생각 없이 쓰는 사람이었다. 군것질을 좋아했기에 길을 가다 맛있는 걸 보면 본능적으로 그걸 사먹는 데 돈을 썼다. 한 달에 이렇게 쓰는 돈이 장난 아니었다. 게다가 눈에 넣어도 아프지 않은 아들 둘이 있었는데 애들을 볼 때마다 맛있는 걸 사주지 못해 안달했다.

그래서 애들을 보면 무조건 맛있는 걸 사준다. 그때 내 주머니에 돈이 부족할 때도 상관없이. 이뿐이 아니다. 장을 볼 때도 눈에 들어오는 걸 아무 생각 없이 사버린다. 문제는 이렇게 사들인 식재료가 냉장고에 가득 쌓여 있다는 사실에 있다.

특히 냉동실에는 식재료가 꽉 틀어박혀 더 이상 넣은 공간이 없을 정도다. 그처럼 먹을 식재료가 쌓여 있음에도 그건 거들떠보지도 않은 채 다시 쇼핑을 즐긴다.

나의 사소한 돈 쓰기는 여기에 그치지 않는다. 나는 시간에 자유로운 프리랜서에 드라이브를 즐기기에 틈만 나면 차를 몰고 시외의 한적한 곳을 향해 달린다. 이것이 내 취미 중 하나이다. 이것도 한 번씩 하면 좋으련만 너무 자주 하기에 그렇게 나가는 기름값도 장난 아니다. 하지만 나는 그렇게 나가는 돈에 대하여 그저 무감각하게 살아왔다.

은행 CD기 이용도 마찬가지였다. 조금만 내 전용 은행이 멀리 있어도 수수료를 지불하고 가까운 타 은행 CD기를 이용했다. 나는 몇백 원이나 천 원 정도는 거의 돈으로 생각조차 하지 않고 있었다.

어느 날 문득 돈의 본질과 소중함에 대하여 깨닫고 내가 잘못 쓰고 있는 돈이 얼마인가를 세 보다가 깜짝 놀라고 말았다. 그렇게 나가는 돈이 월 수십만 원을 넘어 거의 100만 원에 달했다. 이건 돈에 대한 모독이다, 라는 생각이 스쳤다. 이후 나는 돈에 대한 마인드가 바뀌면서부터 소비 습관이 점점 바뀌어 갈 수 있었다.

과거 내가 이와 같은 돈 쓰기를 하고 있을 수밖에 없었던 것은 돈 쓰기를 사소하게 여겼기 때문이다. 당연히 생활을 위해서는 돈을 써야 하고 매일매일 돈을 쓰다 보니 돈 쓰기는 마치 호흡처럼 느끼지 못하는 존재가 되고 만 것이다. 그렇게 무의식적으로 돈을 쓰다 보니 이게 습관이 되고 그래서 돈 잘못 쓰기라는 악순환의 고리가 되고 말았던 것이고.

아마도 이 글을 읽고 있는 사람 중 대부분은 나의 경험에 동의하며 고개를 끄덕이고 있을지도 모르겠다. 하지만 당신이 정말 돈을 벌고 싶다면 당장 돈 쓰기 습관부터 고쳐야 한다. 당신의 돈 쓰기를 알아채려면 오늘 당장 당신이 어디에 돈을 쓰고 있는지 살펴보라. 아마도 당신은 거의 70% 이상이 꼭 필요하지 않은 곳에 돈을 쓰고 있을지도 모른다.

그렇다면 부자들은 어떻게 돈을 쓸까? 그들은 돈의 귀중함을 알기에 절대 생각 없이 돈을 쓰지 않는다. 또 자신의 본능대로 돈을 쓰지 않는다. 꼭 필요한 곳, 아니면 투자할 만한 곳에만 돈을 쓴다. 그러하기에 앞의 나처럼 길을 가다 맛있는 것을 사먹거나 애들에게 필요 이상의 맛있는 것을 사주거나 과다한 쇼핑에 절대 돈을 쓰지 않는다. 이 때문에 부자들의 냉장고는 매우 간소하다. 이와 관련하여 재밌는 에피소드가 있다.

나의 지인은 부잣집 가문에 시집을 갔다. 어느 정도냐 하면 으리으리한 대문을 들어선 후 본채까지 걸어가는 데 한참이 걸리는 집, 대략 머릿속에 그림이 그려질 것이다. 화려한 정원을 지나고 지나 드디어 본채에 들어섰을 때에는 집의 크기에 압도되었다.

그때 지인은 이런 집은 돈 걱정 없이 살겠구나, 하는 생각을 했다고 한다. 그런데 웬 걸! 그 집에서 지인은 생각지도 못한 고통에 시달려야 했다. 이게 집만 으리으리했지 도통 먹을 게 없는 것이다. 냉장고 문을 열어보면 휑하니 바람이 불 정도다. 세 끼 밥 먹는 것 외는 먹을 게 없다. 가뜩이나 지인은 먹성이 좋은 사람이었기에 그 고통은 말로 표현할 수 없었다고 한다. 그렇다고 이제 갓 시집온 여자가 이 집의 전통을 깰 수도 없는 노릇이다.

위 에피소드는 부자에 대한 많은 것을 시사한다. 그들은 낭비를 절대 하지 않는다. 특히 먹을 것에 대한 낭비는 금물이다. 그래서 냉장고에도 꼭 필요한 음식 외에 쌓아두는 법이 없다. 아마도 지금 당신의 냉장고보다 덜 채워졌으면 덜 채워졌지 더 많이 채워지지 않았을 것이다.

나는 부자가 아닌 지인들의 집에 가면 가끔 냉장고를 확인하곤 한다. 그럴 때마다 확인할 수 있는 것은 냉장고에 필요 이상의 음식과 식품들이 빼곡히 채워져 있다는 사실이다. 꼭 기억해야 할 것은 부자들은 냉장고의 음식들이 없어지기 전에는 절대 필요 이상의 쇼핑을 하지 않는다는 사실이다. 부자들은 이 때문에 자신의 수입보다 훨씬 적은 돈을 지출한다. 그래서 저축한 돈으로 다시 투자에 돈을 쓰므로 부의 선순환이 이루어진다.

당신은 부자들의 이런 돈 쓰기 습관을 따라할 수 있겠는가? 아마 오늘부터 당장 시행해 보면 이것이 얼마나 힘든 일인지 실감할 수 있다. 어쩌면 단 하루도 따라 하기 힘들 수 있으니까. 너무 오랫동안 소비를 사소히 여기며 본능대로 돈을 쓰던 습관이 몸에 배어 있기에 갑자기 부자들처럼 돈을 쓰기란 매우 어려운 난제로 다가올 수밖에 없다.

하지만 부자와 빈자의 가장 결정적 차이는 돈 쓰기에서 갈린다는 사실을 명심해야 한다. 그렇다면 이제부터 부자의 사소한 돈 쓰기를 배워야 한다. 이것은 부자의 자질 중 가장 기초에 해당한다. 기초 공사는 힘들지만 해 놓으면 나중을 보장할 수 있다.

마찬가지로 사소한 돈 쓰기 습관을 익혀놓으면 당신은 비로소 안전하게 부자의 길로 접어들 수 있다. 어떤 선택을 하겠는가. 그래도 나는 현재의 내 행복을 위해 지금처럼 돈을 펑펑 쓰고 살겠는가, 아니면 부자의 길을 가기 위해 돈을 존중하며 살겠는가.

핵심마인드맵

Talk episode 3 부자와 빈자를 결정짓는 돈 쓰기

핵심 생각 습관 정리

1. 낭비 – 지출한 돈 〉내가 받은 가치
2. 소비 – 지출한 돈 = 내가 받은 가치
3. 투자 – 지출한 돈 〈 내가 받은 가치
4. 아무리 돈을 많이 벌어도 그보다 더 많이 써 버린다면 쪼들림에서 절대 해방될 수 없다.

나의 대안

1. 빈자들은 대부분 돈 쓰기에 실패하는 사람들이다.
2. 당신이 정말 부자가 되고 싶다면 당장 돈 쓰기 습관부터 고쳐야 한다.
3. 부자들은 돈의 귀중함을 알기에 절대 생각 없이 돈을 쓰지 않는다.
4. 부자와 빈자의 가장 결정적 차이는 돈 쓰기에서 갈린다.

Episode 4

부자의 저축,
빈자의 저축

부자들은 종잣돈을 위해 저축한다

지인 A는 직장인으로 평균 200여 만 원을 받아 8년 만에 저축만으로 1억을 모았다. 이자까지 감안한다면 거의 8년 동안 9천 여만 원 이상의 원금을 저축했다는 이야기인데, 이는 1년에 1,200여 만 원에 해당하는 금액으로 1개월로는 100여 만 원이다. 실수령액을 감안하면 A는 월급의 절반 이상을 8년 동안 매달 저축한 셈이다. A는 얼마 후 결혼했는데 부모님 도움 한 푼 없이 당당히 1억짜리 전세를 얻어 신혼을 시작했다. 당시 1억이면 신축 빌라 30평 이상의 번듯한 집에 살 수 있었다.

역시 A와 같은 직장인이었던 B는 매달 25만 원의 3년짜리 적금을 들었고 나머지 월급의 잔여분은 친구들과 술 마시고 노는 데 썼다. B는 3년 후 천여 만 원의 적금을 탔지만 갑자기 누나 집에 돈이 급하다 해서 그 돈을 빌려주었다. 하지만 안타깝게도 누나 집이 망해 그 돈을 돌려받지 못했다.

이후로도 B는 500만 원짜리, 1,000만 원짜리 적금을 종종 탔으나 이상하게도 그때마다 갑자기 메꾸어야 할 일이 생겨 그 돈을 써야만 하는 상황이 발생했다. B는 결국 10년 이상 직장생활을 했으나 결혼도 하지 못한 채 여전히 500만 원에 40만 원짜리 월세 집을 전전하고 있다.

지인 C는 직장인이었지만 이미 얼마간 월세가 나오는 건물이 있었다. C는 월 10만 원의 용돈만 쓰면서 아끼고 아껴 월 300만 원을 저축하였다. C는 3년 후 무려 1억이 훨씬 넘는 적금을 탔고 그 돈으로 다시 부동산을 구입했다. 이후 C의 저축 규모는 더욱 커져 월 500만 원을 저축했고 3년 후에는 2억 여 원의 적금을 탔다. C는 다시 이 돈으로 부동산을 구입했고, 더 많은 돈을 저축했다. C는 이런 방식으로 자신의 자산을 기하급수적으로 늘려 나갔다.

당신은 위의 예 중 어디에 해당하는지 체크해 보라. 아마도 대부분의 사람들이 B에 해당하거나 B와 비슷한 경우에 해당할 것이다. 그나마 B는 부모의 도움이 전혀 없었기에 저렇게 살지만 부모의 도움이 있는 경우라면 그래도 사는 집은 조금 더 번듯할 수 있겠다. 하지만 경제생활의 패턴은 B와 크게 다르지 않은 삶을 살고 있으리라.

나의 경우를 들라면 처음엔 B처럼 살다가 정신 차리고 A처럼 저축해서 겨우 집을 장만했다. 하지만 기본 마인드가 B에 있었던 지라 이후 더 이상의 자산을 불리지 못한 채 지내다 비로소 C의 삶을 깨닫고 그리로 향해 가고 있는 중이다.

보통 사람이 C의 삶을 흉내 내는 것도 어렵지만, A처럼 사는 것도 만만치 않다. 당신은 요즘처럼 돈 쓸 일 많은 세상에서 월급 또는 수입의 절반 이상을 저축할 수 있겠는가. 결혼하지 않았다 하더라도 먹고 입고 움직이는 데 드는 최저 생계비만으로 100만 원이 훌쩍 뛰어넘는다.

그런데 우리네 삶이란 게 기본 생활비만 나가는 게 아니다. 부모님 생일에 어버이날, 어린이날, 명절마다 나가는 비용, 여기에 가끔 친구들이랑 술이라도 마시고 취미생활이라도 할라치면 더 많은 돈이 필요하다. 더욱이 지금 자동차를 굴리고 월세집에 살고 있다면 이 비용 또한 상당한 무게로 짓눌러 온다. 사실상 요즘 같은 시대에 월 200만 원의 생활비도 빠듯한 셈이다. 거기에 결혼까지 했다면 더 말할 나위 없다.

이런 상황에서 A처럼 살려면 혹독한 결심이 필요하다. 정말 기본 생활비 외에는 돈을 쓰지 않겠다는 다짐을 해야 겨우 실천할 수 있는 일이기 때문이다. A처럼 살 수 있는 나만의 비법 하나를 전수하라면 아예 대출을 받아 집을 사버리라 권하고 싶다.

그러면 대출이 무서워서라도 돈을 함부로 쓰지 않게 된다. 더욱이 대출을 갚아야 한다는 삶의 목표가 생기므로 더 열심히 살게 되는 효과도 있다. 나는 그렇게 해서 A처럼 살 수 있었으며 덕분에 월세 받는 집도 장만할 수 있었다. 하지만 대출을 모두 갚은 그날부터 나사가 풀어졌다. 아마도 더 이상의 경제적 목표가 사라졌기 때문이었으리라. 그래서 당신이 만약 A처럼 살고 싶다면 차라리 조금 무리해서라도 대출 낀 집을 장만해 버리라 권유하는 것이다.

아는 지인 한 분은 은행에 다니고 또 맞벌이를 했기에 일찍이 돈 1억 원을 모을 수 있었다. 그걸로 집을 샀고 이후에도 집을 한 채 더 사 불혹이 되기 전에 이미 서울에 집 두 채를 가진 자산가가 되었다. 하지만 여기까지였다.

이후 더 이상 삶의 목표가 사라져 흥청망청하는 경제생활로 빠져들었다. 둘 합쳐 1억 원이 훨씬 넘는 연봉을 벌어들이고 있지만 지출규모가 워낙 커 더 이상을 자산을 불리지 못하는 삶을 살고 있다. 겉으론 서울에 집 두 채 있으면서 돈 걱정 없이 살고 있다면 나름 괜찮은 삶 아니겠느냐 자랑하지만 속으론 여전히 부자에 대한 갈망이 있다.

A처럼 살아 지금 중산층의 삶을 누리고 있는 많은 사람들이 더 이상 부자의 길로 나가지 못하는 이유는 부자 마인드에 접근하지 못했기 때문이다. 중산층 마인드에서 벗어나지 못하기에 중산층의 삶에 머무르고 있다. 만약 부자가 되고 싶다면 부자 마인드, 부자의 저축 패턴을 배워야 한다.

보통 사람들의 저축 패턴은 분명 위 세 가지 중 하나이거나 그 비슷한 경우에 해당할 것이다. 만약 B그룹에 해당한다면 그는 빈자의 굴레에서 벗어날 수 없다. 중산층 중에는 A그룹에 해당하는 사람도 제법 있다. 그래서 자기 집이 있거나 한두 채 더 있는 경우도 있다. 하지만 A그룹의 약점은 거기까지라는 데 있다. 조금만 더 노력하면 부자 대열에 낄 수 있는데 노력을 멈춘 경우다.

분명히 기억해야 할 것은 부자들의 저축 패턴은 C그룹에 해당하는 사실이다. 그들은 투자할 수 있을 만한 규모의 저축을 한다. 그래서 재투자가 일어나는 선순환의 시스템을 만들어 낸다. 이런 선순환 시스템으로 이제 돈이 돈을 버는 기쁨을 누린다.

1천만 원과 1억 원 저축의 차이

〈1억 모을래? 그냥 살래?〉의 저자 맹재원 대표는 부자의 저축과 빈자의 저축에 있어 가장 큰 차이는 규모라 이야기한다. 즉, 부자들은 1억 원 이상을 모으는 저축을 하는 데 반해 빈자들은 백에서 천만 원 대의 저축을 한다는 것이다. 그런데 이 차이가 마치 작은 씨앗 하나가 큰 나무를 만들어내는 것처럼 큰 차이를 만들어낸다.

생각해 보라. 당신에게 백에서 천만 원 대의 돈이 생긴다면 무엇을 하고 싶겠는가. 이 적은 돈으로 투자를 한다고 생각하는 것은 쉽지 않다. 하지만 그동안 참아왔던 욕망을 해소하는 데 쓰는 것은 매우 쉽다.

그래서 이런 쌈짓돈은 차를 바꾸거나 냉장고, 세탁기 등의 가전

제품을 바꾸는 데 후딱 쓰여 버린다. 요즘 쌈짓돈으로 투자하라는 광고에 현혹되어 혹 주식이나 펀드 같은 데 투자했다 하더라도 요즘같이 수익률이 낮은 시대에 추가 수입을 얻기란 매우 어렵다.

아니, 쌈짓돈 투자했다가 실패하는 사람들이 훨씬 많다. 그 이유는 앞에서도 이야기했듯 투자란 충분히 공부한 후에 해야 하는데 이 정도 쌈짓돈은 공부의 열정을 불러일으킬 만한 대상이 되지 못하기 때문이다.

반면 당신에게 1억 원의 돈이 생긴다면 무엇을 하고 싶겠는가. 이 정도의 돈이라면 일단 함부로 쓸 수 없다는 생각이 들 것이다. 그리고 제대로 된 투자를 하고 싶다는 마음이 떠오를 것이다. 이것이 천만 원대 저축과 1억 저축이 만들어내는 차이다.

만약 당신이 1억 원으로 집을 사거나 주식을 하고 싶다면 당신은 이미 투자가의 대열에 합류한 셈이 된다. 이때부터 1억 원의 소중함을 아는 당신이라면 함부로 투자하지 않고 투자를 위한 공부에 매진할 것이다. 이것이 1억 저축이 만들어내는 힘이다.

당신이 만약 부자 저축을 배우고 싶다면 1억 원이 마지노선이다. 최소한 1억 원의 종자돈이 모이는 저축을 해야 한다는 것이다. 그 이유는 앞에서 설명한 바와 같다. 그 기간이 오래 걸리더라도 또는 월 저축액이 무리하게 높을지라도 1억 원의 종자돈을 만들 수 있는 저축을 해야 한다. 단지 몇 백 ~ 몇 천만 원 정도의 종자돈 모으기 저축은 부자되기는 어려운 저축이다.

1억 원을 저축하는 효과적인 방법

저축에는 왕도가 없다. 더욱이 요즘 같은 저금리 시대에는 더욱 그렇다. 많은 돈을 저축하든지 아니면 긴 기간을 두고 저축하든지, 이 둘 중 하나다.

하지만 효과적인 저축을 위한 몇 가지 합법적 방법도 있다.

먼저, 비과세로 돈을 버는 방법이다. 나는 언젠가 정기예금을 타면서 가슴을 쓸어내린 적이 있다. 당시 4천 5백만 원 정도의 원금에 붙은 이자가 3백여 만 원이었다.

그런데! 내 손에 들어오는 이자는 2백 5십만 원 정도, 무려 50여만 원이 세금으로 떼인 것이다.

1억 모으기 저축을 하고자 한다면 반드시 이자 세금에 대한 부분도 감안해야 한다. 그런데 1억 모으기에서 관건은 기간이나 금액이라 했다. 만약 기간을 선택한다면 10년 이상의 기간을 선택해 보라.

왜냐하면 10년 이상의 저축에 관해서는 비과세 혜택이 있기 때문이다. 10년 동안 1억 원을 모으려면 이자를 감안했을 때 월 80여 만 원 정도니 웬만한 직장인도 한 번 도전해봄 직하다.

다음으로 복리저축을 이용하는 방법이다. 사람들은 복리의 효과에 대해 잘 모른다. 복리와 단리의 차이를 보여주는 다음 표를 보면 아마 깜짝 놀라지 않을 수 없을 것이다.

· 1,000만 원을 10년 동안 예치시켰을 때

금리조건	3%	5%	8%	10%
단리이자	300만 원	500만 원	800만 원	1,000만 원
복리이자	344만 원	929만 원	1,159만 원	1,549만 원
이자차이	44만 원	129만 원	359만 원	594만 원

· 매달 10만 원씩 10년간 적금에 불입했을 때 (총 원금 : 1200만 원)

금리조건	3%	5%	8%	10%
단리이자	181만 원	302만 원	484만 원	605만 원
복리이자	197만 원	349만 원	612만 원	814만 원
이자차이	16만 원	47만 원	128만 원	209만 원

어떤가. 이것이 진정 복리라면 당장 복리예금에 저축하고 싶지 않겠는가.

복리와 단리에 이런 차이가 나는 이유는 이자를 지급하는 구조의 차이에서 기인한다. 단리란 불입한 원금에 대한 이자만을 지급하는 구조다. 하지만 복리란 불입한 원금에 이자가 붙으면 그 합을 원금으로 인식하여 다시 이자가 붙는 구조다. 당연히 복리예금에 이자가 더 많이 붙을 수밖에 없다.

만약 당신이 이런 복리예금을 몰랐다면 당장 인터넷 검색창에 복리예금을 쳐 복리예금을 공부해 보기 바란다.

이 외에도 금융전문가를 만나 조언을 구한다면 좀 더 좋은 금융상품에 가입할 수 있다. 주변에 아는 지인 중 금융전문가가 있다면 더할 나위 없이 좋다. 그럼에도 전문가에게는 조언만 구해야 함을 꼭 기억하라. 만약 손해를 본다 해도 이때 책임은 내가 져야 하기 때문이다.

따라서 무엇보다 부자 마인드를 키우는 공부를 최우선으로 하고 그 가운데 부자의 저축에 대한 공부를 부가적으로 해야 한다. 그리고 확신이 섰을 때 부자 저축 따라 하기를 해 볼 때 가장 효과적인 저축의 길로 접어들 수 있다.

핵심마인드맵

Talk episode 4 부자의 저축, 빈자의 저축

핵심 생각 습관 정리

1. 부자의 저축과 빈자의 저축에 있어 가장 큰 차이는 규모다.
2. 부자들은 1억 원 이상을 모으는 저축을 하는 데 반해 빈자들은 백에서 천만 원 대의 저축을 한다.
3. 부자 저축을 배우고 싶다면 1억 원이 마지노선이다.

나의 대안

1. 10년 이상의 저축에 관해서는 비과세 해택이 있다.
2. 복리란 불입한 원금에 이자가 붙으면 그 합을 원금으로 인식하여 다시 이자가 붙는 구조다.
3. 부자 마인드를 키우는 공부를 최우선으로 하고 그 가운데 부자의 저축에 대한 공부를 부가적으로 해야 한다.

02

돈을 버는
재 테 크
습   관

돈은 지배하려는 것이 아니라
지배당하기 위해 존재한다.

Episode 1

빈자들이 사소히 여기는 경제관념들

빈자들은 경제관념이 없다

사람들에게 돈 이야기를 하면 누구나 눈이 번쩍 뜨인다. 더군다나 부자들의 돈 습관에 대한 이야기를 하면 귀까지 쫑긋 세우며 경청한다. 그런데 그들은 귀로는 부자들의 돈 이야기를 들으면서도 가슴으로는 나에게 부자만큼의 돈이 생기면 멋진 차를 살까, 화려한 여행을 갈까를 꿈꾸고 있다.

빈자들에게 평소 돈 쓰기에 대하여 얼마나 생각하고 돈을 쓰는지 물어보면 백이면 백 별 생각 없이 돈을 쓴다고 대답한다. 그 돈 쓰기의 대부분은 남들 하고 사는 것 다 하고 살기 위한 돈 쓰기다.

남들이 좋은 차를 타고 다니면 나도 좋은 차를 타야 하며 남들이 아파트에 살면 나도 빚을 내서라도 아파트에 살아야 한다. 남들이 애 학원을 대여섯 군데 보내면 나도 아르바이트를 해서라도 대여섯 군데 학원을 보내야 하고 남들이 좋은 스마트폰을 사용하면 나도 좋은 스마트폰을 사용해야 하며 남들이 취미를 즐기는 데 돈을 쓰면 나도 취미를 즐기는 데 돈을 써야 한다. 남들이 유행하는 옷을 사면 나도 유행하는 옷을 사 입어야 하고, 남들이 맛집을 찾아다니면 나도 맛집을 찾아 다녀야 한다.

이처럼 남들 따라 돈을 쓰다 보면 월 지출액은 눈덩이처럼 불어난다. 언젠가 지출이 수입을 넘어서는 가정이 늘고 있다는 기사를 본 적이 있는데 아마도 지금 많은 가정들이 가정 경제 적자에 허덕이고 있다고 느껴진다.

심지어 요즘 같은 시대에 저축은커녕 적자만 면해도 다행이다, 라는 말이 상식이 될 정도로 우리는 지출이 많은 시대를 살고 있다.

그런데 이상한 것은 부자들은 이런 보통 사람들과 같은 지출을 하지 않는다는 사실이다. 위에서 열거한 빈자들의 지출과 비교하여 부자들의 지출에 대하여 살펴보자.

· 부자들은 자신의 자산 규모에 비하여 소박한 차를 타고 다닌다. 자산 100억 원에 1억 원 정도의 차로 100분의 1 규모다. 하지만 빈자들은 자산 4억 원에 5천만 원짜리 차를 탄다. 8분의 1 규모다.

· 부자들은 자신의 자산 규모에 비하여 소박한 집에 산다. 자산 100억 원에 10억 원 정도의 집으로 10분의 1 규모다. 하지만 빈자들은 자산의 대부분이 집으로 더욱이 대출을 낀 집이다.

· 부자들은 자신의 월수입에 비하여 적절한 교육비를 쓴다. 하지만 빈자들은 자산의 월수입에 비하여 무리한 교육비를 쓴다.

· 부자들은 꼭 필요한 게 아니라면 영화나 문화비 지출에 거의 돈을 쓰지 않는다. 대신 자신의 발전이나 자기계발을 위한 돈은 아끼지 않는다. 하지만 빈자들은 나오는 족족 인기 영화를 쫓아다닌다.

· 부자들은 생각 외로 소박한 스마트폰을 쓴다. 하지만 빈자들은 누구보다 최신 유행폰을 따진다.

· 부자들은 단순히 즐기기 위한 취미생활에는 거의 돈을 쓰지 않으며 자기계발이나 발전과 관련한 취미생활에만 돈을 쓴다. 하지만 빈자들은 즐기기 위한 취미생활이나 삶에 올인한다.

· 부자들은 먹는 것에 집착하지 않는다. 하지만 빈자들은 먹거리의 노예가 되어 산다.

· 부자들은 옷을 살 때도 절대 과소비를 하지 않는다. 비싼 명품 옷이라 하더라도 자신의 자산 규모에 비하면 새 발의 피다. 하지만 빈자들은 맘에 드는 옷에 현혹되어 과소비를 한다.

어떤가? 빈자들이 왜 빈자로밖에 살 수 없는지 느낌이 확 다가올 것이다. 빈자들은 이미 이러한 경제생활이 습관으로 박혀 자신이 이렇게 돈을 쓰고 있다는 사실을 인지하지도 못한 채 살아간다.

그러면서 돈이 부족해 이런 경제생활을 할 수 없게 되면 돈 타령을 한다. 그 놈의 돈이 원수니, 하면서… 또 남과 비교하면서 스스로를 자책하며 우울에 빠져들기도 한다. 나 역시 과거에 이런 경험을 무수히 했으므로 그들의 마음을 200% 이해한다.

하지만 좀 더 넓은 시각으로 이 현상을 바라보면 빈자들은 자신의 경제습관을 고치지 않으면 절대 이 수렁에서 빠져나올 수 없음을 볼 수 있다. 자신들의 욕망을 채우기에 부족한 돈을 더 벌기 위해 몸부림을 쳐보지만 그게 쉽지 않다.

이렇게 해가지고는 좀처럼 자신이 원하는 행복에 다가가기 힘들다.

어디서부터 잘못되었는지를 빨리 깨닫고 돌아서려는 노력이 필요하다. 부자가 되고 싶다면 하루빨리 빈자의 경제습관에서 벗어나 부자의 경제습관을 기르기 위해 노력해야 한다.

빈자들은 사소한 데서 돈이 줄줄 샌다

당신은 돈을 인출할 때 ATM기를 어떻게 사용하는가? 경제활동을 하다 보면 현금이 필요할 때가 있다. 그때 돈을 찾아야 하는데 이때 ATM기를 이용하게 된다. 재미있는 것은 빈자들은 소액을 자주 인출하는 습관이 있고 부자들은 큰 금액을 한꺼번에 인출하는 습관이 있다는 사실이다. 그런데 여기에도 경제 논리가 적용되니 살펴보도록 하자.

소액을 자주 인출하는 경우 때론 편의상 타은행 인출기에서 인출할 수도 있어 수수료가 붙을 수 있다. 게다가 은행에 자주 가야 하니 시간도 비용으로 지불한다. 경제적으로 낭비에 가까운 행동이다.

반면 큰 금액을 한꺼번에 인출하는 경우 본 은행에서 인출할 것이므로 수수료가 나갈 염려가 없다. 게다가 비용으로 지불해야 할 시간도 절약된다. 부자들은 이런 경제적 논리로 인해 한 달에 쓸 현금을 한꺼번에 찾아 보관함에 두며 그때그때 필요한 금액을 사용한다. 사소해 보이지만 낭비를 줄이는 현명한 방법이다.

반면 빈자들은 계획성 없이 그때그때 필요할 때마다 근처 ATM 기로 쪼르륵 달려가 현금을 인출한다. 그런데 이상하게도 이 소액의 현금은 눈 깜짝할 새 사라지고 다시 현금 인출기를 찾는 악순환을 되풀이한다. 그 사이 길바닥에 뿌려지는 낭비가 얼마인지도 모른 채….

반드시 기억해야 할 것은 부자들은 경제적으로 계산해서 낭비라는 결과가 나오는 행동은 절대 하지 않는다는 점이다. 이런 예는 우리생활에서 얼마든지 찾을 수 있다.

신용카드 사용이 대표적이다. 내가 아는 부자 한 분은 아예 신용카드 없이 생활한다. 아무리 카드회사 직원이 유혹해도 절대 넘어가지 않는다. 과거 부자가 되기 전 아픈 카드의 추억이 있기 때문이다.

신용카드란 게 후불제 외상 개념이기에 별 생각 없이 돈 쓰기 딱 좋은 물건이다. 게다가 외모도 돈처럼 생기지 않았으니 마구 긁기에 좋다. 그래서 신용카드를 사용하면 항상 돈에 쪼들리게 돼 있다. 과소비로 낭비를 이끌어내는 주범이기 때문이다.

나 역시 과거 신용카드의 노예가 되어 큰 빚을 지고 고통 속에 헤맨 나날들이 있다. 사회 초년생 시절 처음엔 멋모르고 카드를 긁어대다가 결제일만 되면 허덕이는 생활이 이어졌다. 급기야 쥐꼬리만 한 월급은 카드 결제금액을 따라가지 못했으며 부족분을 비싼 고리의 현금서비스로 때웠다.

카드빚이 날로 불어갔으며 엎친 데 덮친 격으로 다른 집안일도 터져 이제 카드빚은 눈덩이처럼 불어났다. 당시 돈으로 몇 천만 원에 이를 정도로! 나는 이 카드빚을 갚느라 내 청춘을 거의 다 보내야 했다. 정말 아프고 뼈저린 카드의 추억이다.

신용카드란 잘못 쓰면 이런 악마적 기질을 발휘하므로 절대 조심해야 할 대상이다. 부자들은 이 사실을 잘 알기에 카드 사용에 있어 매우 조심스럽다. 그럼에도 신용카드를 잘 사용하면 할인이나 포인트 등 경제적 이득을 얻을 수 있는 부분도 있기에 부자들은 꼭 필요한 신용카드 한두 장만 사용한다.

반면 빈자들은 할인이나 포인트 핑계로 여러 개의 신용카드를 사용한다. 문제는 이 신용카드의 낭비적 성질을 이기지 못한 채 무절제하게 사용한 나머지 결제일마다 허덕이는 생활이 반복된다는 데 있다.

만약 신용카드 사용으로 낭비적 지출을 한다면 그는 빈자이고 이득적 지출을 한다면 그는 부자일 가능성이 매우 높다.

신용카드와 관련하여 빈자들이 범하는 사소한 실수는 또 있다. 바로 할부 결제이다. 조금 고가의 물건을 사려 할 때 누구나 망설인다. 이때 할부는 지름신을 강림시키는 강력한 무기가 된다.

예를 들어 100만 원짜리 옷을 일시불로 사기에는 큰 부담이지만 10개월 할부라면 부담이 확 줄어든다. 이런 이유로 빈자들은 신용카드 할부를 즐겨 이용한다. 이 할부가 다시 자신을 옥죄어온다는 사실은 전혀 모른 채.

이런 이유로 부자들은 웬만해서는 할부를 이용하지 않는다. 대신 일시불을 이용한다. 신용카드 일시불은 잘 이용하면 경제적 이득을 얻을 수 있는 장점도 있다. 즉 일시불은 후불제이기에 그 기간만큼의 이자에 대한 이익이 생긴다. 물론 할부도 무이자라면 이런 이득이 생기는 것은 마찬가지다. 부자들은 이처럼 일시불과 무이자 할부를 잘 이용하여 이득을 챙기는 사람들이다.

한편 빈자들이 범하는 아주 사소한 소비습관으로 간식에 대한 이야기를 빼놓을 수 없다. 빈자들은 길거리 음식이 즐비한 번화가를 지날 때 입맛을 다시며 먹고 싶은 음식을 사먹어 버린다. 식사시간이 아님에도 불구하고….

또 고속도로 휴게소에 잠깐 들릴 때 맛의 유혹에 못 이겨 호두과자, 맛바 등을 사먹는다. 역시 식사시간이 아님에도 불구하고….

문제는 과연 이런 행동들이 경제적 이득을 가져다주는가이다.

간식은 꼭 필요한 음식이 아니라 필요 이상의 식욕을 채우는 충분 조건에 해당하는 행위다. 건강 의학적으로 간식은 몸에도 해롭다. 위장은 물론 소장과 대장에도 무리를 주어 건강을 해치는 것이다. 실제 과거에 없던 소장암의 발병 원인으로 지나친 간식을 꼽는다. 장을 잠시도 쉬지 못하게 방해하기 때문이다.

순간의 욕망을 채우기 위해 먹는 간식은 이처럼 경제적으로도 건강에도 이득을 주지 않는 행위다. 이 때문에 부자는 꼭 필요한 경우 외에는 간식을 즐기지 않는다. 하지만 빈자는 아무 생각 없이 눈에 보이면 간식을 즐기는 데 귀중한 돈을 써버린다.

간식 문제까지 따지는 건 좀 지나쳐 보일 수도 있다. 어떤 사람에게는 순간의 즐거움이 인생의 행복일 수도 있기 때문이다. 하지만 즐거움과 행복의 기준이 여기에 있는 사람이라면 그는 최소한 부자가 될 자격은 미달이다.

부자는 인생의 즐거움과 행복을 여기에서 찾지 않기 때문이다. 부자는 인생의 즐거움과 행복을 경제에서 발견한다. 경제적 이득을 올렸을 때, 경제적 발전을 이루었을 때, 또 그 경제로 사회에 즐거움을 주었을 때 그들은 즐거움과 행복을 느낀다. 그런 면에서 간식의 문제는 아주 사소하지만 깊은 의미가 담겨 있다고 할 수 있다.

핵심마인드맵

Think episode 1 빈자들이 사소히 여기는 경제관념들

핵심 생각 습관 정리

1. 부자들은 자신의 자산 규모에 비하여 소박한 차를 타고 다닌다.
2. 부자들은 자신의 자산 규모에 비하여 소박한 집에 산다.
3. 부자들은 자신의 월수입에 비하여 적절한 교육비를 쓴다.
4. 부자들은 먹는 것에 집착하지 않는다. 하지만 빈자들은 먹거리의 노예가 되어 산다.
5. 부자들은 단순히 즐기기 위한 취미생활에는 거의 돈을 쓰지 않으며 자기계발이나 발전과 관련한 취미생활에만 돈을 쓴다.

나의 대안

1. 빈자들은 자신의 경제습관을 고치지 않으면 절대 이 수렁에서 빠져나올 수 없다.
2. 남들 따라 돈을 쓰다 보면 월 지출액은 눈덩이처럼 불어난다.
3. 부자는 인생의 즐거움과 행복을 경제에서 발견한다.

Episode 2

돈을 버는 사소한 재테크 습관

부자들은 보험을 들지 않는다

지독히 돈에 쪼들리는 지인이 있었다. 비록 월급이 많진 않았지만 총각이고 돈 쓸 일이 그리 많지 않은 것 같은데 왜 저럴까, 하고 의문이 생겨 물었다.

"대체 원인이 뭐야?"

"보험 때문이에요."

나는 그의 보험가입 내역을 듣고 소스라치게 놀랐다. 그는 무려 열 몇 개의 보험을 들고 있었던 것. 게다가 월급의 절반보다 훨씬 많은 금액이 보험료로 빠져나가고 있었다. 나는 그 이유가 너무 궁금했다.

"헤헤, 보험 아줌마들 권유를 뿌리치지 못한 것도 있고… 나름

보험도 재테크가 되는 것 같아서….”

보험테크의 말로는 비참했다. 그는 결국 신용불량자가 되고 말았던 것. 그는 고급 술집에 가는 버릇도 있었는데 보험 믿고 몸을 함부로 굴렸다. 나중에는 보험 다 해지하고도 빚 갚을 길이 막연한 상태로 몰렸다.

빈자들이 흔히 하는 실수는 무리한 보험 가입이다. 부끄럽지만 우리 집도 결혼 초기 월 보험액이 백만 원을 훌쩍 넘어선 적도 있었다. 그땐 보험이 우리의 미래를 보장해 줄 것만 같았다. 하지만 이상하게도 중도에 꼭 무슨 일이 생겨 해지하는 일이 터진다.

그때 보험해지로 지급받는 금액은 당연히 원금 이하다. 근 10년 이상을 부은 개인연금이 있었는데 그 해지금조차 원금의 100%가 아닐 정도다. 실제 금융감독원의 통계에 의하면 1년 이상 보험 유지율은 70% 내외, 2년 이상 보험 유지율은 60% 내외로 점점 떨어진다.

갑자기 경제적 문제가 생기거나 보험료가 부담되어 해지하는 것. 이런 보험 유지율은 이제 3년, 4년이 지날수록 더욱 떨어져 실제 보험으로 이익을 보는 경우는 극소수에 불과하다. 어디 이뿐인가. 이 외에 사고가 났는데도 약관을 지키지 않았다는 이유로 보상을 받지 못하거나 적은 보상을 받는 경우가 비일비재하다. 보험이란 극소수가 이익을 볼 수밖에 없는 구조다.

그럼에도 주변 빈자들 중에는 의외로 무리한 보험에 가입해 있는 경우가 적지 않다. 보험이란 게 주로 지인을 통한 영업이 이루어지다 보니 인정에 이끌려 생긴 결과다.

그렇다면 부자들은 보험을 어떻게 들까? 꼭 필요한 경우가 아니라면 보험에 들지 않는다가 정답이다. 이는 보험의 성격을 이해하면 금방 답이 나온다. 보험이란 미래에 사고가 날 경우 필요한 돈을 보장해 주는 시스템이다.

보통 사람이나 빈자의 경우 미래의 갑작스런 사고에 지불할 돈이 준비되지 않았기에 보험이 필요할 수 있다. 그러나 부자의 경우 미래의 갑작스런 사고라 하더라도 얼마든지 지불할 돈이 준비돼 있다. 보험에 들 하등의 이유가 없는 것이다.

그럼에도 이득이 있는 보험 상품이라면 부자도 충분히 들 수 있다. 예를 들어 시중은행보다 이율이 높은 저축보험이나 연금보험 등이 이에 해당할 수 있다.

하나의 통장과 여러 개의 통장, 어느 게 이득?

당신은 지출에 쓰는 통장이 하나인가, 아니면 그 이상인가? 만약 하나라면 지금 돈에 허덕일 가능성이 높고 여러 개라면 돈에 조금 여유로울 수 있다. 과연 이 말이 맞을지 증명해 보도록 하자.

통장이 하나일 때 도대체 지출이 어떻게 나가는지 파악하기 어렵다. 하루하루 하는 것 없이 통장의 잔액이 팍팍 줄고 겁이 덜컥

난다. 자동이체로 나가는 통신비, 교통비, 보험, 적금 등이 잔액을 팍팍 줄여나가는가 하면 유동비로 쓰이는 생활비를 매번 결제하다 보면 잔액이 어떻게 줄어드는지 파악조차 힘들다. 여기에 신용카드 결제 대금이나 현금 인출까지 겹치면 이제 정신이 하나도 없다.

문제는 고정비 외 특수비가 나갈 때다. 부모님 생신, 명절, 어린이날, 어버이날, 자동차세, 경조사비… 등 거의 매달 돌아오는 듯한 특수비는 미리 대비하지 않은 거라 가정경제 적자의 원인이 된다. 적자가 쌓이면 적금이나 정기예금을 깨야 하나, 대출을 받아야 하나 고민에 휩싸인다.

이것이 통장 하나의 오류다. 이제 통장을 나누었을 때 어떤 일이 일어나는지 살펴보자. 먼저 고정비 지출 통장과 특수비 지출 통장으로 나누었을 때다. 이때 특수비는 미리 예상하여 월간에 필요한 돈을 미리 넣어둔다.

이렇게 되면 최소한 특수비 때문에 정신없거나 적자가 나는 상황을 면할 수 있다. 다음으로 고정비 지출 통장 역시 매달 자동이체로 나가는 통장과 유동적으로 써야 하는 통장, 그리고 현금 등으로 나누었을 때를 생각해 보자.

보험, 적금, 연금, 통신비, 공과금 등은 자동이체로 돌려놔 자동이체 통장에서 빠져나가게 한다. 그리고 나머지 식비, 문화비, 교통비 등의 한 달 생활비를 책정하여 매일 뺄 쓸 수 있는 유동 통장에 넣어두고 이 생활비 한도 내에서만 쓰도록 한다.

또 한 달에 현금으로 써야 할 돈을 미리 계획하여 현금으로 찾아두고 그 한도 내에서 매일매일 쓰도록 한다. 이렇게 하면 아마 내 돈이 어떻게 쓰이고 있는지 한 눈에 파악할 수 있게 돼 계획적인 지출 생활을 할 수 있게 될 것이다.

빈자들은 주로 통장 하나로 지출하는 경제생활을 한다. 그래서 내 돈이 어떻게 쓰이는지도 모른 채 돈의 노예로 살아간다. 하지만 부자들은 통장을 몇 개로 나눠 지출하는 경제생활을 한다. 매우 계획적으로 지출하는 생활을 하기에 돈을 지배하는 생활을 한다.

부자의 계획적 지출 습관을 따라하고 싶다면 지금 당장 당신의 통장을 다음과 같이 몇 개로 구분해 보라.

---

① 특수비 통장 – 부모님 생신, 명절, 어린이날, 어버이날, 자동차세, 경조사비… 등 매달 일정하게 계획되지 않은 돈

② 고정비 통장 – 보험, 적금, 연금, 통신비, 공과금 등 자동이체로 나가는 돈

③ 유동 생활비 통장 – 식비, 문화비, 교통비 등 매일 빼 써야 하는 돈. 반드시 한 달 유동 생활비를 책정하여 그 한도 내에서만 쓰도록 한다.

④ 현금 – 생각날 때마다 인출기에서 찾지 말고 한 달에 쓸 현금을 미리 파악하여 한꺼번에 찾아서 보관해 두고 필요할 때만 매일매일 조금씩 빼 쓴다.

부자들은 스스로 재테크를 공부한다

저금리 시대에 부자들은 여유자금 재테크를 어떻게 할까? 당장 빈자들이 할 수 있는 재테크란 게 부동산이나 주식 등을 떠올릴 수 있다. 하지만 부동산에 투자하기엔 돈이 부족하고 주식에 투자하기엔 겁이 덜컥 난다. 그래서 이러지도 저러지도 못해 금융 전문가의 상담을 받는데 이때 대개 펀드 같은 상품을 권유한다. 하지만 여기에 투자한 빈자들 중 망하는 사람이 부지기수다.

사실 펀드 투자에 대해 나에게도 아픈 추억이 있다.

어느 날 갑자기 큰일 났다며 아버지께 연락이 왔다. 당시 펀드가 한참 유행하다가 막 추락하던 시기였기에 혹시나 하는 불길한 예감이 스쳤다. 아니나 다를까, 나의 예감은 적중했다. 아버지가 금융 전문가의 권유로 수천만 원을 펀드에 넣어둔 게 있다는 것이 아닌가.

깜짝 놀라 알아보니 아버지의 펀드는 이미 반 토막이 나 있었다. 나는 아버지에게 자초지종을 물었더니 대략의 사정이 이랬다.

아버지는 부동산 재개발로 인한 현금이 생겨 그 돈을 은행에 저축해 둬야 하는 상황이 생겼다. 그때 은행 직원이 아버지에게 그 돈 중 5천만 원 정도만 이율이 높은 예금에 넣어두라 권유한 것.

이때 아버지는 펀드가 뭔지도 모르고 단지 이율이 일반 정기예금보다 높다 하니 그렇게 하라고 했다. 아버지는 자기가 알지도 못하는 펀드에 5천만 원을 투자하게 된 것. 아버지는 원래 의심이 많은 성격이라 "이거 혹시 주식 같이 손해 보고 그런 것 아니지?"라며 은행 직원에게 재차 확인하셨다. 그때 은행 직원은 "최소한 원금은 보장되니 걱정 마세요."라 대답했다 하고.

그런데 이 사단이 난 것이었다. 아버지는 불과 몇 개월 만에 수천만 원의 돈을 잃었다 하니 제정신이 아니셨다. 워낙 돈에 대한 애착이 많으셨던 분이라… 나는 당장 아버지의 손을 잡고 그 은행으로 달려갔다.

은행 지점장을 만나 자초지정을 이야기했더니 지점장은 그저 절절 매기만 할 뿐 대안을 내놓지 못했다. 당시 담당했던 은행 직원도 미안하다며 사과했으나 이게 사과로 해결될 일이 아니었다.

우리는 금융감독원에도 제소했지만 당시 펀드가 열풍이던 시절이라 노인들에 대한 이런 피해가 한두 건이 아닌 것만 확인했을 뿐 구제 방법은 없음을 확인했다. 비록 모르고 했다 하지만 아버지의 손으로 직접 사인을 했으니 아버지의 일부 책임이 없는 것도 아니었다. 그렇게 우리는 아픈 가슴을 쓸어내리며 한탄만 할 수밖에 없었다.

주변에 투자에 실패했다는 사람들 이야기를 들어보면 많은 부분 지인의 권유로 투자했다거나 금융전문가의 조언으로 투자했다는 사람들이 많다. 물론 이렇게 성공한 사람도 있지만 실패한 사람도 많다는 사실을 기억해야 한다. 그래서 그저 안전을 추구하는 빈자들은 차라리 안전한 은행에 돈을 넣어두는 것이 가장 현명한 방법이라며 오늘도 은행에 귀중한 돈을 묵히며 살아가고 있다.

그런데 주변 부자들에게서 들리는 소식은 완전 딴 세계다. 부동산 투자에 성공했다느니, 주식 투자에 성공했다느니, 하는 소리가 빈자들의 가슴을 찢어놓는다. 도대체 그들에게는 왜 돈이 굴러오고 나에게는 왜 돈이 떠나갈까?

근본적으로 저금리 시대라 해서 부자들은 크게 흔들리지 않는다. 대신 저금리 시대에 이득을 얻을 수 있는 투자처에 대해 공부한다. 원래 위기란 위험 + 기회를 줄인 말이다. 위험도 오지만 동시에 기회도 오는 게 위기란 뜻이다. 따라서 저금리 시대에 도리어 이득을 얻을 수 있는 투자처가 분명 있는 법이다. 부자들은 바로 이 기회를 찾기 위한 공부를 한다는 것이다.

그리고 이득을 볼 수 있는 곳을 향해 자신의 돈을 투자한다. 예를 들면 2014년경에는 초저금리 시대였는데 대신 금값이 치솟았다. 그때 부자들은 이를 미리 예견하고 금에 투자했다. 또 최근에는 석유 값이 치솟고 있다. 이 역시 미리 공부하고 예견한 부자들은 석유에 투자하여 돈을 벌었다.

이 같이 부자들은 저금리 시대 재테크에도 여전히 흔들림 없이 자기들의 길을 꾸준히 가고 있는 것이다.

부자의 재테크와 빈자의 재테크에 있어 가장 큰 차이는 '공부'다. 부자는 재테크에 대해 공부하고 빈자는 재테크에 대해 무지하기에 금융 전문가에 의지하려 든다. 이게 사소한 차이 같지만 나중에는 커다란 차이를 만들어낸다.

사람마다 개인적 차이가 있는 법이다. 자산의 차이부터 개인의 금전운(이것도 절대 무시해서는 안 된다), 재능, 성격 등이 다르기에 투자도 이 개인적 특징에 맞게 해야 한다.

그런데 금융 전문가들은 단지 자신들이 가지고 있는 보편적 금융 지식에 의한 재테크만 제시한다. 그러다 보니 성공보다는 실패 확률이 높다. 하지만 부자들은 재테크에 대하여 스스로 공부하기에 자신에 맞는, 또는 자신이 잘 할 수 있는 투자에 집중한다. 이 때문에 부자들의 투자는 거의 실패하지 않는 것이다.

부자 재테크의 기본, 쓰고 채울래? 채우고 쓸래?

소위 카드 돌려막기라는 게 있다. 나도 젊은 시절 카드 돌려막기의 수렁에 빠져 한동안 죽을 고생한 적 있을 정도로 카드 돌려막기는 사람을 초죽음으로 본다. 그런데 카드 돌려막기가 생긴 근본 원인은 쓰고 채우겠다는 심리에서 기인한다.

쓰고 채우겠다는 심리란 일단 쓰고 보자는 경제 습관이다. 대표적인 것이 신용카드로 미리 쓰고 나중에 갚는 시스템이다. 쓰고 채우는 방식의 경제 행위는 비단 이뿐이 아니다. 각종 대출, 카드 할부, 자동차 할부 또한 쓰고 채우는 방식의 경제 행위다. 조금 이해가 어려울 수도 있겠으나 보험 역시 쓰고 채우는 방식의 경제 행위다. 이에 대한 이해는 앞의 보험 재테크에서 어느 정도 이야기해 놓았으니 참고하기 바란다.

재미있는 것은 빈자들은 주로 이런 쓰고 채우기 방식의 경제 행위를 한다는 사실이다. 쓰고 채우기 방식의 경제 행위는 시스템 자체가 쪼들리는 생활을 하게 만드는 구조다. 그래서 쓸 때는 좋으나 채울 때는 허덕인다. 또 쓸 때 마구 쓰기에 채울 때 부족분이 생긴다. 빈자들은 이 부족분을 대출이나 신용카드 현금서비스로 해결한다. 신용카드 돌려막기란 바로 이런 연유로 탄생한 기형아다.

쓰고 채우는 방식의 경제 행위는 이런 맹점이 있기에 부자들은 절대 선호하지 않는다. 그들은 반대로 채우고 쓰는 방식의 경제 행위를 한다. 만약 당장 사고 싶은 자동차가 있다 하더라도 내 통장에 자동차 값이 들어 있지 않으면 절대 사지 않는다.

통장에 자동차 값이 채워졌을 때라야 비로소 자동차를 산다. 돈이 부족한 데도 할부로 자동차를 사는 행위 따위는 절대 하지 않는다. 또 당장 생활필수품을 살 때도 마찬가지다. 쓰고 채우는 방식의 신용카드로 사지 않고 채우고 쓰는 방식의 현금이나 체크카드를 사용한다.

채우고 쓰는 방식의 경제 행위는 여유로운 경제생활을 만들어주기에 부자들은 이 방식을 선호하며 즐겨한다.

핵심마인드맵

Think episode 2 돈을 버는 사소한 재테크 습관

핵심 생각 습관 정리

1. 빈자들은 주로 통장 하나로 지출하는 경제생활을 한다. 그래서 내 돈이 어떻게 쓰이는지도 모른 채 돈의 노예로 살아간다.

2. 부자들은 통장을 몇 개로 나눠 지출하는 경제생활을 한다. 매우 계획적으로 지출하는 생활을 하기에 돈을 지배하는 생활을 한다.

3. 원래 위기란 위험 + 기회를 줄인 말이다. 위험도 오지만 동시에 기회도 오는 게 위기란 뜻이다.

4. 저금리 시대에 도리어 이득을 얻을 수 있는 투자처가 분명 있는 법이다.

5. 부자의 재테크와 빈자의 재테크에 있어 가장 큰 차이는 '공부' 다. 부자는 재테크에 대해 공부하고 빈자는 재테크에 대해 무지하기에 금융 전문가에 의지하려 든다.

나의 대안

1. 쓰고 채우기 방식의 경제 행위는 시스템 자체가 쪼들리는 생활을 하게 만드는 구조다.

2. 채우고 쓰는 방식의 경제 행위는 여유로운 경제생활을 만들어주기에 부자들은 이 방식을 선호하며 즐겨한다.

Episode 3

혹독한 경제습관
훈련부터!

경제습관을 바꾸고 싶다면 혹독한 결심부터

빈자들의 경제습관은 매우 긴 과거로 거슬러 올라가야 한다. 그들은 거의 대부분 빈자 부모에게서 자라났을 가능성이 높다. 그렇게 부모로부터 빈자의 경제습관을 배웠을 테고….

이 경우 경제습관의 역사는 수십 년 묵은 것이 된다. 다행히 부모가 부자였다면 나에게도 어느 정도 부자 경제습관이 몸에 배 있는 부분도 있을 수 있다.

어쨌든 지금 내가 빈자이고 부자가 되고 싶다면 빈자의 경제습관부터 바꿔야 한다. 그런데 이 빈자의 경제습관은 해묵은 것이므로 웬만한 결심으로는 실패할 가능성이 매우 높다. 혹독한 결심을 해야 한다는 이야기다.

과거 1박2일이 처음 시작할 때는 무한도전의 아성에 짓눌려 있었다. 그러다 어느 순간부터 1박2일이 무한도전을 치고 올라가기 시작했다. 사람들은 이 이유에 대해 여러 가지 분석을 내놓았으나 내가 보는 관점은 달랐다.

나는 초창기 1박2일 멤버들이 반드시 거쳐 가는 장면에 주목했다. 그것은 한겨울 얼음물에 입수하는 장면이다. 처음 박찬호 선수가 나와 시범을 보였다. 그로서야 운동선수로서 자주 하던 훈련이었기에 큰 어려움 없이 할 수 있었으리라. 하지만 1박2일 멤버들이 어떤 사람들인가. 우리나라에서도 잘 나가는 개그맨, 가수, 연기자들이 아닌가. 우리가 생각해야 하는 것은 그들이 보통 사람들보다 훨씬 돈을 많이 벌고 부유하다는 사실이다.

그런 사람들이 영하의 날씨에 얼음물에 뛰어든다는 것은 쉽지 않은 일이다. 아니, 내가 보기에 이건 혹독한 결심 없이는 거의 어려운 일이다. 그런데 나는 강호동부터 이수근, 은지원 등 모든 멤버들이 얼음물에 입수하는 장면을 지켜보았다. 그리고 속으로 '혹독한 결심을 했구나'라는 생각을 했다.

혹독한 결심은 분명 행동의 변화를 이끌어내는 힘이 있다. 그리고 행동의 변화는 자신을 성장시키는 에너지로 작동한다. 나는 1박2일이 그렇게 무한도전을 따라잡았다고 생각한다. 부자의 경제습관도 마찬가지다. 무려 수십 년 묵은 빈자의 경제습관을 바꾸려면 혹독한 결심부터 해야 한다. 나는 더 이상 가난하게 살고 싶지 않다, 라는 결심부터, 그래 이제부터 반드시 부자의 경제습관을 기르고 만다, 라는 혹독한 결심까지!

당신은 이렇게 할 수 있겠는가. 나는 몸에 밴 빈자의 경제습관을 버리고 부자의 경제습관을 따라하는 것이 얼마나 힘든지 안다. 내가 실제 경험해 봤고 지금도 경험하고 있기 때문이다.

혹독한 부자의 경제습관 훈련은 당장 지금부터 시작해야 한다.

당장 거리를 나설 때 나를 유혹하는 길거리 음식부터 그냥 욕망에 이끌려 사먹지 않아야 한다. 꼭 필요한 경우에만 돈을 써야겠다고 결심해야 한다. 마트에 들어가는 경우도 꼭 필요한 물건이 아니면 아예 쳐다보지도 말아야 한다. 그런데 빈자의 경제습관은 그냥 견물생심에 이곳저곳에 눈이 가고 나도 모르게 이끌려 그 물건을 사버리게 된다. 이제부터 이런 경제행위는 끊어야 한다.

쓸데없이 차를 몰고 다니며 기름을 낭비하는 행위도 끊어야 한다. 도대체 길거리에 뿌리며 낭비하는 돈이 얼마인지 가늠도 안 된다. 툭 하면 현금 인출기로 달려가 돈을 찾는 행위도 끊어야 한다. 사소하게 나가는 돈과 시간에도 신경 써야 한다.

신용카드를 아예 없애버리고 체크카드로 바꿔 사용하도록 시도해야 한다. 신용카드를 끊지 않는 한 당신의 소비습관을 고치기는 거의 어렵다.

웬만한 거리는 걸어 다니도록 습관을 키워야 한다. 대중교통 비도 한 번 오가면 벌써 2,000원이 훌쩍 넘는다. 많이 걸으면 건강에도 이득을 준다.

사소하게는 돈을 대하는 태도도 바꿔야 한다. 지폐를 막 주머니에 구겨 넣고 다니지 말아야 한다. 지갑에 넣어 보관하되 한 방향으로 일정하게 가지런히 해야 한다. 동전 또한 그냥 아무렇게나 보관하지 말고 금색의 돼지 저금통에 귀중히 보관하는 것이 좋다. 내가 돈을 귀하게 대할 때 비로소 돈도 나를 따른다는 사실을 잊지 말자.

당신은 이런 혹독한 결심을 할 수 있겠는가. 그렇다면 이미 부자의 경제습관을 키울 준비가 돼 있는 셈이다. 혹독한 결심과 함께 하나하나 실천해 나가다 보면 어느새 내 몸에 부자의 경제습관이 마치 내 몸의 일부처럼 착 달라붙어 있을 것이다.

습관 기르기에 훈련이 필요한 이유

뇌과학자들이 밝힌 뇌의 진실을 알면 당신의 기분이 조금 어두워질지도 모르겠다. 뇌과학자들이 밝힌 바에 의하면 인간의 뇌는 부정적 사고를 하는 영역이 긍정적 사고를 하는 영역보다 절대적으로 많다고 한다.

아마도 이 때문에 나쁜 습관을 키우는 것은 쉽고 좋은 습관을 기르는 것은 어려운지도 모른다. 불행하게도 성공을 향해 가려면 나쁜 습관은 줄이고 좋은 습관은 늘려야 한다. 이는 마치 흐르는 강물을 거슬러 헤엄쳐 올라가는 것처럼 힘겨운 일이 아닐 수 없다.

이러한 이유로 습관에는 반드시 훈련이 필요하다. 단지 혼자서 생각만으로 습관을 기른다는 것은 거의 불가능하다. 운동선수들이 훈련을 통하여 체력과 기술을 연마하는 것처럼 습관도 훈련을 통하여 몸에 익히는 연습을 해야 한다.

이때 놓치지 말아야 할 것은 보상에 대한 것이다.

〈습관의 힘 – 반복되는 행동이 만드는 극적인 변화〉라는 책에서는 습관을 기르기 위한 과정으로 신호–반복행동–보상이라는 사이클을 소개한다. 여기서 반복행동이 습관이라 했을 때 그 뒤에 반드시 보상이 있음을 주목하라. 보상이 있기에 그 반복행동을 지속할 수 있다는 것이다.

운동선수의 경우 금메달, 우승, 최고 선수의 영광이라는 보상이 있기에 오늘도 게으름 부리지 않으며 열심히 훈련할 수 있는 것이다. 습관 훈련도 마찬가지로 보상이 있을 때 지속할 수 있게 된다.

그렇다면 이 책을 읽는 당신에게 있어 가장 큰 보상은 무엇일까? 그것은 바로 당신의 꿈을 이룰 수 있다는 것이다. 꿈이야말로 가장 큰 동기의 신호요, 가장 큰 보상이 될 수 있다.

나는 정확히 38세가 되었을 때 우연히 친구의 꼬임에 이끌려 네트워크 마케팅 모임에 참석하게 되었다. 그때까지 나의 꿈은 단지 평범한 소시민으로 살아가는 것 외에는 없었다. 그런데 모임의 리더가 갑자기 '꿈' 이야기를 하는 것이 아닌가. 나와는 막역했던 친구의 이야기라 흘려들었다.

친구의 의리를 못 이겨 몇 번 더 모임에 참석하게 되었는데 그때마다 리더가 꿈 이야기를 했다. 한 번은 은은한 조명 아래에서 갑자기 한 사람씩 앞으로 나와 자신의 꿈 이야기를 하는 순서를 만들었다.

내 차례가 되었을 때 나는 도대체 꿈이 생각나지 않아 머뭇거렸다. 바로 그 순간이었다. 불현듯 중2 때 도서관에 틀어박혀 소설을 막 읽던 장면이 회상되었다. 그리고 나의 꿈이 떠올랐다.

작가! 맞아, 그때 헤밍웨이의 〈무기여 잘 있거라〉를 읽으며 여주인공 캐서린이 아이를 낳다가 죽은 장면을 보고 얼마나 눈물을 흘렸던지… 그리고 나도 이런 글을 쓰는 작가가 되고 싶다는 열망에 불타올랐지!

그날 밤부터 잠이 오지 않았다. 나의 꿈이 강력한 동기부여의 신호를 던져주었기 때문이었다. 이후 나는 내 꿈을 이루기 위한 작전에 돌입했다. 먼저 꿈과 관련된 동기부여를 받기 위해 수많은 자기계발서들을 읽었다. 이전에는 1년에 한 권도 잘 읽지 않던 내가 거의 하루에 한 권을 해치웠다. 스스로도 불가사의했다. 꿈은 강력한 동기부여의 신호가 되어 주었다.

그렇게 나에게 독서습관이 생기기 시작했다. 동시에 작가가 되기 위한 여러 활동들에도 도전해 나갔다. 물론 쉽지 않았다. 거의 수십 번의 실패를 맛보았기 때문이었다.

어느 출판사가 갑자기 아무런 경력이나 학벌도 없는 사람을 작가로 써줄 수 있겠는가. 그럼에도 불구하고 내가 포기하지 않을 수 있었던 것은 이렇게 했을 때 작가가 될 수 있다는 보상심리가 있었기 때문이었다.

나는 꿈이 가져다주는 이러한 신호와 보상이 있었기에 꾸준히 노력할 수 있었고 그 과정에 이전에 없었던 독서습관, 수면습관 등을 만들어낼 수 있었다. 결국 2년이 지난 후 나는 작가가 될 수 있었고 퇴사 후 10년이 훨씬 지난 지금까지도 내가 좋아하고 쓰고 싶은 글을 쓰며 살고 있다.

장황히 나의 이야기를 쓴 이유는 습관 훈련에 반드시 동기부여와 보상심리가 필요하다는 점을 강조하기 위해서다. 그리고 동기부여와 보상심리의 중심에 '꿈'이 있다는 이야기를 하기 위해서다. 만약 당신이 현재 꿈이 없다면 이 훈련까지 따라할 필요는 없다. 하지만 간절한 꿈이 있는 사람이라면 이 훈련을 따라해 보기를 바란다.

적두노 습관 훈련

이제 실제적인 습관 훈련을 어떻게 해야 할지에 대하여 살펴보자.

다시 한 번 언급해 두지만 이 훈련은 부자에 대한(또는 성공에 대한) 간절한 꿈이 있는 사람만이 시도할 수 있다. 내가 창안한 습관 훈련의 이름은 '적두노'이다. 여기서 '적두노'란 먼저 새롭게 만들고 싶은 습관을 '적'고 그 습관과 관련된 '두'께의 지식을 쌓아가며 마지막으로 '노'력하는 것이다.

습관 훈련의 첫 번째 단계는 내가 고치거나 만들고 싶은 습관을

'적'는 것이다. 만약 앞에서 '돈을 잘 써야 한다'가 만들고 싶은 습관이라면 이를 적는다. 그리고 습관의 목표만 적는 게 아니라 이렇게 적은 것을 실천하기 위한 계획표까지 만들어야 한다. 이에 대한 양식을 소개하면 다음과 같다.

다음에 내가 따르고 싶은 부자의 경제습관을 적어보라.

따르고 싶은 경제습관 〈예〉

- 꼭 필요한 것만 산다.
- 웬만한 거리는 걸어 다닌다.
- 체크카드를 사용한다.
- 돈을 귀하게 대한다.

∴습관 실천표(월간 주간)

주차	구체적 계획
월간 목표	〈예〉 - 부자들의 경제습관에 대한 깊은 지식 공부를 한다. - 내가 따라하고 싶은 경제 습관을 매일 3번 이상 소리 내어 외친다. - 따라 하고픈 부자들의 경제습관을 매일 실천한다.
1주차(일~ 일)	- 부자들의 경제습관에 대한 깊은 지식 공부를 한다. - 내가 따라하고 싶은 경제 습관을 매일 3번 이상 소리 내어 외친다. - 따라 하고픈 부자들의 경제습관을 매일 실천한다.
2주차(일~ 일)	- 꼭 필요한 것만 산다. - 웬만한 거리는 걸어 다닌다. - 체크카드를 사용한다. - 돈을 귀하게 대한다.
3주차(일~ 일)	- 꼭 필요한 것만 산다. - 웬만한 거리는 걸어 다닌다. - 체크카드를 사용한다. - 돈을 귀하게 대한다.

| 4주차(일~ 일) | – 꼭 필요한 것만 산다.
– 웬만한 거리는 걸어 다닌다.
– 체크카드를 사용한다.
– 돈을 귀하게 대한다. |
| 5주차(일~ 일) | – 꼭 필요한 것만 산다.
– 웬만한 거리는 걸어 다닌다.
– 체크카드를 사용한다.
– 돈을 귀하게 대한다. |

∴습관 실천표(일간)

날짜	구체적 목표 (하루에 경제습관과 관련된 행동 1개 이상 하기)	평가
1		
2		
3		
4		
5		
6		
7		
8		
9		
10		
11		
12		
13		
14		
15		
16		
17		
18		
19		
20		
21		
22		
23		
24		

25	
26	
27	
28	
29	
30	
31	

이렇게 만든 계획표는 눈에 잘 보이는 곳에 붙여두고 실천하는 것이 좋다. 시각적 효과가 동기부여에 도움을 주기 때문이다.

다음으로 지식의 두께 만들기다. 반드시 기억해야 할 것은 만들고자 하는 습관에 대한 지식의 두께를 쌓아가지 않으면 앞에서 만든 계획표는 작심삼일로 끝나고 말 것이란 사실이다. 반드시 그 습관과 관련된 지식을 찾아 공부하는 과정을 거쳐야 한다. 왜냐하면 그 지식이 강력한 동기부여가 되어 지속적인 행동을 이끌어 줄 것이기 때문이다.

요즘에는 인터넷에서 웬만한 지식을 다 접할 수 있다. 지식은 마치 양파와도 같은 성질이 있어서 하나의 껍질을 까면 그 안에 더 깊은 지식이 또 있다. 그것을 까면 또 더 깊은 지식… 이렇게 지식을 파고 들다 보면 당신은 어느덧 상당한 고급 지식까지 다가갈 수 있다.

4서 3경 중 하나인 〈대학〉에 격물치지(格物致知)란 말이 있다. 여기서 격물이란 사물(物)의 지식을 뿌리까지 파고드는 것(格)을 말한다. 그러면 비로소 지혜(知)에 이를 수 있다(致)는 뜻이다. 즉, 지식을 깊이까지 파고 들다 보면 어느덧 최상급 지식에까지 들어갈 수 있게 된다.

지식에도 하 지식, 중 지식, 상 지식이 있다. 여기서 '하 지식'이란 지금까지의 역사의 결과로 알게 된 이론 지식을 뜻한다. 교과서에 기록된 지식들이 대부분 이에 해당한다. 이런 지식들이 하 지식일 수밖에 없는 이유는 너무도 빠르게 변하는 현실에 적용하기 어려운 부분이 있기 때문이다.

'중 지식'이란 이론 지식을 바탕으로 실제 경험에서 우러난 지식을 뜻한다. 이 지식이 하 지식보다 높은 이유는 실제 삶 속에서 적용 가능성이 더 높기 때문이다. '상 지식'이란 아직 해결하지 못한 삶의 문제를 실질적으로 해결할 수 있는 지식을 뜻한다.

예를 들어 고치지 못하는 습관, 어려움의 문제, 인간관계의 문제 등까지 고칠 수 있는 지식이 바로 상 지식에 해당한다. 사람들은 이를 지혜라 부르기도 한다. 만약 당신이 지식의 두께 공부를 하는 과정에서 상 지식에까지 다다를 수 있다면 이는 당신의 습관을 굳히는 강력한 에너지로 작동할 수 있을 것이다.

지식을 공부해 들어가는 방법으로 한 단어에 집중하여 격물치지(格物致知) 하면 좋다. 예를 들어 '돈'이 주제라면 돈이라는 단어에 대하여 뿌리까지 파고드는 것이다. 돈이 왜 존재하는지? 돈의 근본적 역할은 무엇인지 등이다.

습관 훈련의 마지막 단계는 그 지식을 바탕으로 그냥 노력하는 것이다. 여기에서 기억해야 할 것은 습관은 바로 이 노력의 단계에서 만들어진다는 사실이다. 앞에서 적고 두께를 공부하는 것까지 했더라도 마지막 노력이 없으면 습관은 절대 만들어지지 않는다.

여기서 노력이란 이제 새로 만들어야 할 습관을 실제로 실천해 보는 것을 뜻한다. '돈 잘 쓰기'가 새롭게 만들고 싶은 습관이라 면 실제로 돈을 잘 써보는 노력을 하는 것이다. 이전까지 내 욕망을 위해 외식을 자주했다면 이제 그것을 끊고 어려운 사람의 식사를 대접하기 위해 돈을 써보는 것도 노력이다. 이전까지 돈에 대한 공부에 소홀했다면 이제 아낌없이 돈에 대한 공부를 하는 데 돈을 써보는 것도 노력이다.

습관 훈련은 대부분 바로 이 노력의 단계에서 실패함을 주목하 라. 노력이 이어지지 않는 것은 강력한 동기가 희미하거나 보상에 대한 희망이 약하기 때문이다. 동기가 희미하거나 보상에 대한 희 망이 약한 것은 꿈이 약해서 그럴 수도 있고 해당 분야의 지식이 부족해 동기부여나 보상심리를 받지 못하므로 그럴 수도 있다.

나는 작가의 꿈을 꾸며 나아가는 과정에서 커다란 난관에 봉착 했다. 내가 꿈꾸는 작가는 그냥 직장 다니며 부업으로 글 쓰는 그 런 작가가 아니라 직업으로 글을 쓰는 작가였다. 그러려면 다니고 있는 직장을 그만 둬야 했는데 이게 나의 발목을 잡은 것이다. 당 시 아내와 맞벌이를 하고 있었지만 두 아이를 대안학교에 보내고 있었기에 월 지출액이 상당했다. 직장을 그만 둘 수 있는 상황이 아니었다.

'과연 작가로 일하며 지금 직장에서 받는 정도의 수입을 얻을 수 있을까? 그것도 지속적인 수입을?'

여기에 대한 확신이 서지 않자 내 맘속에 불신과 불안이 물밀듯 밀려왔다. 불신과 불안은 곧 나의 습관 만들기에 커다란 장애물로 작동했다. 당연히 나의 노력도 조금씩 허물어져 갔다.

그 우울감에서 나를 건져준 것이 바로 책 속의 지식이었다. 당시 나는 꿈 관련, 태도 관련 책들을 읽고 있었는데 그 책을 읽고 나면 다시 자신감이 북돋아 올랐다. 하지만 책을 덮는 순간 다시 자신감은 불신의 안개로 뒤덮였다.

그래서 나는 아예 동기부여해 주는 꿈에 대한 지식이 끊어지지 않도록 손에서 책을 놓지 않았다. 하나의 책이 끝났을 때 리듬이 끊어지지 않도록 미리 다음에 읽을 책을 준비해 뒀다가 연이어 읽곤 했었다. 책의 지식 속에 있을 때는 자신감이 생기므로 계속해서 책의 지식 속 바다에 나를 던져버린 것이다.

그렇게 쌓인 꿈에 대한 지식의 두께가 강력한 동기부여가 되어 위기에 빠졌던 나는 다시 자신감을 회복하고 꿈을 향한 나의 행동을 지속적으로 이어나갈 수 있었다.

습관 훈련도 마찬가지다. 잊지 말고 '적두노'를 실천해 보라. 분명 당신에게 좋은 습관이 생길 것이다. 열심히 적기만 해서도 안 되고 무작정 지식 공부에만 올인해서도 안 되며 무대뽀로 노력만 해서도 안 된다. 이 3가지를 동시에 해야 한다. 그래서 이것을 습관 훈련이라 명명한 것이다.

전문가들의 주장에 의하면 하나의 습관이 기본적으로 자리 잡는 데 66일이 걸린다는 연구 결과가 있다. 하지만 내가 적용해 본

결과 최소한 100일을 잡고 실천해 봐야 한다. 100일 정도 해 봐야 기본 습관이 자리 잡는다. 물론 이 습관을 완전히 굳히는 데는 1000일의 시간이 더 필요하다. 앞에서도 이야기했듯 습관에는 두께가 있기 때문이다.

당장은 욕심 내지 말고 각 챕터의 주제당 1~2개의 습관을 정해 '적두노 습관 훈련'을 시행해 보기 바란다. 훈련 기간은 100일이다.

습관코칭 핵심마인드맵

Think episode 3 돈을 버는 사소한 경제습관 훈련

핵심 생각 습관 정리

1. 꿈이야말로 가장 큰 동기의 신호요, 가장 큰 보상이 될 수 있는 것이다.
2. 지식은 마치 양파와도 같은 성질이 있어서 하나의 껍질을 까면 그 안에 더 깊은 지식이 또 있다.
3. 적고 두께를 공부하는 것까지 했다 하더라도 마지막 노력이 없으면 습관은 절대 만들어지지 않는다.

나의 대안

1. 나는 더 이상 가난하게 살고 싶지 않다, 라는 결심부터, 그래 이제부터 반드시 부자의 경제습관을 기르고 만다, 라는 혹독한 결심까지!
2. 혹독한 결심은 분명 행동의 변화를 이끌어내는 힘이 있다. 그리고 행동의 변화는 자신을 성장시키는 에너지로 작동한다.

2부

돈을 버는 사소한 습관 TTA라 하기

01

돈을 버는
사 소 한
습 관   1

Think
생각은 하는 것이 아니라 나는 것이다

Episode 1

사소하게 지나치는 생각

사소한 것으로 치부되기 쉬운 생각의 비밀

파스칼은 '인간은 생각하는 갈대다.'라는 유명한 말로 인간을 규정했다. 나는 이 문장에서 '생각'과 '갈대' 두 단어에 주목한다.

생각은 참 미스터리한 존재다. 도대체 인간은 왜 생각하고 또 생각하는 걸까? 이 생각에 의해 행동이 좌우되고 심지어 어떤 이는 이 생각의 혁명으로 큰 성공을 거두기도 하지만 다른 이는 이 생각의 수렁에 빠져 스스로 살인을 저지르기도 하니 말이다.

나는 생각에 대하여 깊이 관찰한 결과 갈대와 같은 속성을 지닌 사실을 발견했다. 갈대란 스스로 움직일 수 없고 외부적 바람에 따라 이리 흔들리고 저리 흔들린다. 생각도 마찬가지로 내가 좌우하는 것이 아니라 내 안에서 흘러나오는 어떤 것에 의해 좌지우지

된다. 즉, 생각은 하는 것이 아니라 생각나는 것이다.

만약 생각이 내가 하는 것이라면 나는 곧 지쳐 쓰러지고 말 것이다. 사회학자들과 의학자들이 공동으로 연구한 결과에 의하면 보통의 성인은 하루에 6만 번 정도의 생각을 한다는 연구결과가 있을 정도로 인간은 하루 종일 생각의 노예로 산다. 이런 생각을 내가 한다면 생각 때문에라도 나의 에너지는 모두 소진되고 말 것이다.

내가 생각을 하는 것인지 아니면 생각이 저절로 나오는 것인지 알아보는 방법은 의외로 간단하다. 잠시 나에게서 떨어져 생각을 관찰하기만 하면 된다. 그러면 생각이란 내 속에서 나오는 것임을 금방 관찰할 수 있다. 물론 내가 의지적으로 마음을 먹고 의식적으로 생각하는 것만 제외하고 말이다.

생각은 많이 떠오르고 자주 하는 것이기에 사소한 것으로 치부하기 쉽다. 그래서 우리는 생각에 대하여 무방비 상태로 방치한 채 그저 내버려두는 경우가 많다. 하지만 생각을 그냥 방치할 경우 우리는 마치 커버링 없이 무자비하게 얻어맞는 복싱선수처럼 생각에 얻어터질 수도 있다. 실제 많은 정신병 환자들이 수많은 부정적 생각의 노예가 되어 정신병에 걸리는 것이 그 예다.

정신병까지 가지 않더라도 수많은 만성질병의 원인이 생각에 있음을 발견할 수 있다. 흔한 불면증의 경우 '잠이 안 오면 어떡하지?' 라는 지나친 생각에서 시작된다. 생각은 꼬리에 꼬리를 무는 속성이 있기에 이제 이러한 불안한 생각은 끝도 없이 이어진다.

다음날도 잠에 대한 생각을 하고 그 다음날도 잠에 대한 걱정을 하며 결국 불면증의 상태로 빠져든다. 이때 의학적으로는 뇌에 불면에 대한 '생각회로'가 만들어진다고 한다. 이제 불면증 환자는 이 생각회로의 고리를 끊지 않는 한 수면제 없이는 잠을 이룰 수 없는 장애에 빠지게 된다.

불안증이나 우울증도 마찬가지다. 불안증은 뇌에 불안에 대한 생각회로가 만들어져 생기는 병이며, 우울증은 뇌에 우울에 대한 생각회로가 만들어져 생기는 병이다.

정신적인 질환을 넘어 육체적 질환도 마찬가지다. 이제 불안과 두려움의 생각회로는 뇌와 각종 기관에서 분비하는 호르몬에 영향을 미쳐 육체의 병도 만들어낸다. 긴장성 고혈압, 만성 위장병, 만성 두통, 과민성 대장염… 등 대부분의 만성병들을 만들어낸다. 놀라운 것은 이 모든 것들이 최초의 사소한 생각에서 출발한다는 것이다.

사소한 생각 하나가 내 몸과 마음에 얼마나 중요한 영향을 끼치는지 알 수 있는 대목이다. 만약 뇌의 생각회로를 차단할 수 있다면 호르몬은 다시 정상적으로 분비될 수 있고, 대부분의 만성병들은 씻은 듯이 사라질 수도 있다. 따라서 더 이상 생각의 노예로 살아가지 않도록 노력해야 한다.

생각도 습관이다

생각이 하는 것이 아니라 나오는 것이라면 이는 무엇을 의미할까? 이는 곧 생각 또한 습관임을 암시한다.

습관이란 몸에 굳어져 의도하지 않아도 저절로 나오는 것이다. 자기도 의식하지 못한 채 스스로 하게 되는 것이 습관이란 이야기다. 따라서 어떤 부분에 대하여 습관이 굳어지면 그 일을 아주 쉽고 자연스럽게 할 수 있다. 예를 들어 젓가락으로 반찬을 집어먹는 것은 한국인에게 몸에 밴 습관이다. 그래서 한국인이라면 의식하거나 노력하지 않아도 저절로 쉽게 젓가락질을 할 수 있다.

하지만 이것이 습관으로 몸에 배지 않은 미국인에게 젓가락질이란 곤혹스럽기 짝이 없다. 그들은 수많은 훈련을 통하여 젓가락질을 배워야만 겨우 젓가락질을 할 수 있다.

습관이 의식하지 않아도 저절로 쉽게 할 수 있는 이유는 습관이 우리의 무의식 속에 자리 잡고 있기 때문이다. 인간은 본능적으로 편리함을 추구하는 속성이 있다. 그래서 생존과 관련된 일은 재빨리 습득하고 숙련하여 무의식 속에 집어넣어 버린다. 그 다음부터는 의식하거나 노력하지 않아도 아주 쉽게 사용하기 위해서다. 이제 무의식 속에 자리 잡은 습관은 의식하지 않아도 저절로 튀어나와 그 일을 하게 해 준다. 이것이 무의식 속 습관의 힘이다.

이제 생각과 습관의 관계에 대해 파고들어 보자. 앞에서 생각은 하는 것이 아니라 나오는 것이라 했다. 어디에서 나오는 것일까?

바로 무의식이다. 무의식에서 나오는 것이라면 생각도 습관이 될 수 있다. 습관도 무의식에서 나온다 했으므로.

실제 사람들이 생각하는 유형을 보면 생각도 습관임을 증명할 수 있다. 생각을 많이 하는 사람은 하루 종일 생각의 노예가 되어 산다. 부정적인 생각을 많이 하는 사람은 부정적 생각의 노예가 되어 산다. 걱정을 많이 하는 사람은 걱정의 노예가 되어 산다. 이처럼 생각도 습관이기에 사람들은 각자 가진 생각의 습관에 따라 생각하며 살아간다.

생각이 습관이라는 이야기는 우리에게 절망과 동시에 새로운 희망을 던져준다. 나쁜 생각의 습관을 가진 사람은 나쁜 생각의 습관을 끊어야 한다는 부담감이 생기지만, 역으로 나쁜 생각의 습관을 끊어버리고 좋은 생각의 습관을 만들 수도 있다는 희망도 생긴다. 습관은 나의 노력으로 만들 수 있는 것이므로.

생각은 분명 무의식에서 나오는 것이지만 내가 의지적으로 할 수도 있다. 그리고 노력 여하에 따라 좋은 생각습관을 만들어낼 수도 있다. 이제 이 사실을 알았다면 더 이상 부정적 생각에 나를 내버려두지 말고 내가 나의 생각을 컨트롤하며 좋은 생각습관을 만들기 위해 노력해 보자.

핵심마인드맵

Think episode 1 사소하게 지나치는 생각

핵심 생각 습관 정리

1. 생각은 하는 것이 아니라 생각나는 것이다.
2. 생각을 그냥 방치할 경우 우리는 마치 커버링 없이 무자비하게 얻어맞는 복싱선수처럼 생각에 얻어터질 수도 있다.
3. 습관이란 몸에 굳어져 의도하지 않아도 저절로 나오는 것이다.
4. 생각도 습관이기에 사람들은 각자 가진 생각의 습관에 따라 생각하며 살아가는 것이다.

나의 대안

1. 더 이상 생각의 노예로 살아가지 않도록 노력해야 한다.
2. 더 이상 부정적 생각에 나를 내버려두지 말고 내가 나의 생각을 컨트롤하며 좋은 생각습관을 만들기 위해 노력해 보자.

Episode 2

부자들의 생각, 빈자들의 생각

부자의 생각과 빈자의 생각은 정반대다

유명한 자기계발서 저자인 공병호 씨는 자신의 저서 〈부자의 생각, 빈자의 생각〉에서 가난한 사람들의 생각 습관에 대한 소회를 밝혔다. 공병호 씨는 이 책에서 총 37가지 분야에 대한 부자의 생각과 빈자의 생각에 대한 차이를 열거했다.

대략의 내용을 정리해 보면 다음과 같다.

먼저 어떤 문제에 대하여 부자는 그 원인을 자기에게서 찾고 빈자는 남 탓을 한다.

봉사에 대하여서도 부자는 먼저 자기 앞가림을 해야 남도 도울 수 있다고 생각하나 빈자는 나보다 남을 먼저 돕는 게 도리라 생각한다.

사회에 대하여 부자는 내가 먼저 사회에 유익을 줘야 한다고 생각하나 빈자는 사회가 나에게 먼저 줘야 한다고 생각한다. 또 사회에 대하여 부자는 내가 모여 사회가 이루어진다고 생각하나 빈자는 집단 속에 내가 있다고 생각한다.

가정에 대하여서도 부자는 가정도 체계적인 경영의 장, 변화의 장으로 보나 빈자는 가정은 이윤추구의 장이 아니라 사랑의 장이므로 변화해서는 안 된다고 생각한다. 가족에 대하여 부자는 내가 가족에게 무엇을 해 줄 수 있을까를 생각하나 빈자는 가족이 나에게 무엇을 해 줄 것인가를 생각한다. 자식에 대하여 부자는 독립심을 키워줘야 한다고 생각하나 빈자는 어떻게든 부모가 끝까지 도와줘야 한다고 생각한다.

경제에 대하여 부자는 가난으로는 행복할 수 없다고 생각하나 빈자는 가난 속에도 행복이 있다고 생각한다. 부자는 모험과 성장을 추구하나 빈자는 안정과 분배를 추구한다.

이상의 내용을 보며 당신은 부자의 생각을 많이 따르고 있는지 빈자의 생각을 많이 따르고 있는지 살펴보라.

위의 내용을 종합해 보면 부자의 생각습관과 빈자의 생각습관에는 정반대의 차이가 있음을 알 수 있다. 물론 공병호 씨의 생각이 모두 진리는 아니므로 각자 취사선택할 여지는 있지만 전체적인 맥락에서는 부자와 빈자의 생각 갈림이 분명해 보인다.

또 여기서 말하는 부자에 대한 개념 기준이 어떤 유형의 부자이냐에 따라 의견이 갈릴 수 있으므로 이에 대한 고려도 분명히 해야 할 것이다.

우리가 생각하는 부자가 모두 하나의 유형만 있는 것이 아니라 여러 유형이 있기 때문이다.

부자는 돈이 따르는 생각을 한다

먼저, 가난한 사람들의 생각을 종합해 보면 대략 다음과 같다.

그들은 어떤 문제가 터졌을 때 그 이유를 외적인 환경에서 찾는다. 그들은 내가 먼저 무엇을 하기 보다는 사회나 국가에서 의무적으로 기본적 삶을 위한 뭔가를 해 줘야 한다고 생각한다. 이 생각은 자식에게도 그대로 전이되어 자식 또한 스스로의 힘으로 살기보다는 부모가 보살펴줘야 한다고 생각한다. 경제적으로 빈자는 안정을 추구하며 모험을 싫어한다.

빈자들의 이와 같은 생각에는 어떤 문제가 있을까? 어떤 문제 때문에 그들은 자신에게로 돈이 오지 않아 경제적으로 허덕이고 있을까? 이에 대하여 기본적으로 돈의 속성에 대해 알 필요가 있다.

돈은 단지 물질적 가치만을 교환하는 존재가 아니다. 무형의 비물질적 가치도 교환할 수 있다. 예를 들어 감사의 표시로 돈을 주기도 하지 않는가. 그런 면에서 돈은 잘 쓰이기 위해 존재한다고 볼 수 있다. 이러한 돈에는 일종의 무형 에너지도 담겨 있다. 자기를 아껴주거나 잘 쓸 수 있는 대상에게 더 가고 싶어 하는 성질의 힘이다.

빈자의 경우 대부분 문제의 탓을 남이나 사회로 돌리기에, 또 모험을 싫어하고 안정을 추구하기에 자신의 문제를 개선할 여지가 부족하다. 인간은 불완전한 존재라 했을 때 항상 개선의 여지가 있는 동물이다. 그런데 자신의 문제를 개선할 여지가 부족하다는 것은 발전의 힘도 부족함을 뜻한다.

돈의 속성이 잘 쓰임에 있다고 했을 때 이는 단지 개인의 이익을 위해 쓰임을 뜻하지 않고 사회의 유익을 위해 쓰임을 뜻한다. 여기서 사회의 유익이란 개개인의 성숙과 발전이 있을 때 이들의 합으로 비로소 이루어지는 유익이다.

그런데 빈자들의 경우 개개인의 성숙과 발전을 저해하는 생각을 주로 한다. 그러니 그곳으로 돈이 흘러들어가기 매우 힘들다.

이번에는 부자의 경우를 살펴보자. 공병호 씨가 주장하는 부자들의 생각을 종합해 보면 대략 다음과 같다.

그들은 어떤 문제가 터졌을 때 그 이유를 내부적인 요인에서 찾는다. 그들은 내가 어떤 문제가 있기에 이런 일이 생겼다고 여기며 나를 개선하기 위해 노력한다. 이 생각은 자식에게도 그대로 전이되어 자식 또한 스스로의 힘으로 살아가도록 자립심을 키워줘야 한다고 생각한다. 경제적으로 부자는 안정을 싫어하며 지속적인 성장을 추구한다.

부자들의 이러한 생각은 그들을 안정된 자리에 있지 않게 하며 끊임없는 변화와 성장을 추구하도록 노력하게 한다.

이에 대한 방증은 아주 쉽게 할 수 있다. 만약 당신이 정몽구 회장 정도의 돈이 있다면 그 험난하고 정글 같은 직장생활을 더 할 수 있겠는가? 아마 열이면 아홉은 다음과 같이 이야기할 것이다.

"내가 미쳤어요? 내가 그 돈이 있다면 좋은 집과 자동차를 사고 맛있는 거 먹으며 세계 여행 다니면서 살 거예요. 더 이상 그 끔찍한 일은 하고 싶지도 않아요."

하지만 지금 정몽구 회장의 생각은 어떤가? 그는 보통 사람 같으면 몇 대가 떵떵거리며 먹고 살 돈이 있으면서 오늘도 노구를 이끌고 정글의 최전방에 나서 세계 자동차 회사들과 피 튀기는 경쟁을 벌이고 있다. 그는 아직도 목마른 것이다.

부자들은 이처럼 돈을 아끼며 잘 쓸 수 있는(성장을 통하여) 자질을 갖추고 있기에 당연히 돈은 그들을 따른다.

부자와 빈자의 차이는 이처럼 사소한 생각에서부터 극명히 갈린다. 내가 '극명히'란 표현을 쓴 것에 주목하라. 종이 한 장 정도의 차이가 아니라 극과 극의 차이가 있다는 이야기다.

우리는 하루에도 수만 번의 생각을 하며 그 생각은 습관으로 굳어져 나의 '관'으로 정립해 있다. 한 사람의 '관'은 오랜 세월 교육과 환경을 통해 정립된 것이기에 쉽게 바꿀 수 있는 것이 아니다. 그럼에도 당신이 부자를 꿈꾼다면 지금 당장 사소한 생각부터 터치해야 할 것이다. 내 생각의 습관이 빈자의 생각들에 가깝다면 이는 곧 '나는 부자가 될 수 없음'을 뜻하기 때문이다.

사람의 행동은 생각이 바뀌지 않고서는 절대 변화할 수 없다. 마찬가지로 빈자의 생각을 하면서 아무리 노력해도 부자가 될 수는 없다. 따라서 정말로 간절히 부자가 되고 싶다면 지금 당장 내가 하고 있는 사소한 생각부터 바꾸기 위해 노력해야 할 것이다.

핵심마인드맵

Think episode 2 부자들의 생각, 빈자들의 생각

핵심 생각 습관 정리

1. 부자의 생각 습관과 빈자의 생각 습관에는 정반대의 차이가 있음을 알 수 있다.
2. 어떤 문제에 대해 부자는 그 원인을 자기에게서 찾고 빈자는 남탓을 한다.
3. 빈자의 경우 대부분 문제의 탓을 남이나 사회로 돌리기에, 또 모험을 싫어하고 안정을 추구하기에 자신의 문제를 개선할 여지가 부족하다.
4. 부자는 내가 어떤 문제가 있기에 이런 일이 생겼다고 여기며 나를 개선하기 위해 노력한다.

나의 대안

1. 당신은 부자의 생각을 많이 따르고 있는지 빈자의 생각을 많이 따르고 있는지 살펴보라.
2. 내 생각의 습관이 빈자의 생각들에 가깝다면 이는 곧 '나는 부자가 될 수 없음'을 뜻한다.

Episode 3

돈에 대한 부자들의 생각 습관

부자들은 돈을 아끼고 사랑해야 한다고 생각한다

요즘에는 흔치 않지만, 내가 대학생이었을 때만 해도 스탠드바라는 것이 제법 있었다. 나는 호기심에 C시의 대형 스탠드바에 아르바이트로 일하게 되었다. 그 스탠드바는 스탠드 코너가 무려 20개나 있을 정도로 마치 대형 나이트클럽 수준의 규모를 자랑하고 있었다. 당연히 하룻밤에만도 벌어들이는 돈이 장난 아니었다. 그 스탠드바 사장은 갑부였다.

그때 나는 생전에 부자를 처음 만나게 된 터였다. 나는 부자들은 보통 사람들과 달리 돈도 많으니 손도 아주 클 것이라 생각했다. 그러던 어느 날 영업을 시작하기 전 사장이 나를 불렀다.

"요 앞에 가서 박카스 하나 사와!"

당시 사장이 나에게 쥐어준 돈은 100원. 나는 그 돈을 들고 약국으로 가 박카스 한 병을 샀다. 아마 그때 박카스 가격이 100원 언저리였을 것으로 추정된다. 나는 급히 사장에게 박카스를 대령했는데 사장 왈!

"잔돈은?"

하는 것이 아닌가. 나는 얼떨결에 "예? 한 병에 100원인 줄 알았는데요."라고 대꾸했다. 그러자 사장은 노발대발했다.

"야! 90원이야, 빨리 가서 10원 거슬러 와!"

나는 목까지 발개진 채 약국으로 달려가 잔돈 이야기를 했더니 약사님이 이렇게 대답하셨다.

"안 그래도 내가 잔돈 주려했는데, 그냥 가버리길래…. 그 사장님 잔돈 10원도 꼭 챙기시는 분인데…."

나는 너털너털 10원을 들고 사장님께 갖다드렸더니 그제야 사장님 얼굴에 온화한 미소가 활짝 열렸다.

사실 당시 나는 대학생이었는데도 10원짜리 정도를 아주 하찮게 생각했다. 아마도 그래서 거스름돈을 받아오지 않았을 수도 있다. 그런데 큰손이자 갑부라 생각했던 부자는 돈에 대한 생각이 나와 딴판이었다. 그는 10원짜리 하나도 아주 소중히 여기고 있었다.

이후 살아오면서 나는 몇몇 부자들을 접하게 되었는데, 그들은 하나같이 돈을 아껴 쓰는 습관을 가지고 있었다. 심지어 어떤 분은 자신의 한 달 용돈이 10만 원이라는 사람도 있을 정도였으니….

부자들이 돈을 바라보는 시각은 보통사람이나 빈자들이 돈을 바라보는 시각과 매우 큰 차이가 있다. 안타까운 것은 보통사람이나 빈자들은 이 사실을 거의 인식하지 못하고 있다는 사실이다. 제대로 부자를 접해보지 않았기에 그럴 수 있다. 심지어 사람들은 그런 부자를 보면서 뒷담화로 욕을 한다. '세상에 있는 놈이 더한다' 면서.

나는 멀찍감치 이런 모습을 지켜보며 안타까움을 금할 수 없다. 비록 남에게 짠돌이 소리를 들을지언정 부자에게는 언제나 돈이 넘쳐나지만 뒷담화하는 빈자는 늘 돈에 쪼들리며 오늘도 힘겨운 하루를 살아가고 있기 때문이다.

만약 당신이 부자의 꿈을 꾸고 있다면 지금 당장 아주 사소한 10원을 어떻게 다루고 있는지 돌아보라. 아마도 보통사람이나 빈자의 대부분은 10원짜리가 어디로 흘러가고 있는지도 모를 것이다.

부자가 되고 싶다면 아주 사소하게 보이는 10원을 대하는 습관부터 고쳐나가야 한다. 돈은 아끼고 사랑하는 사람에게 따라오기 마련이기 때문이다.

부자들은 돈을 잘 써야 한다고 생각한다

내가 아는 수십억 자산을 가진 한 부자는 참 궁색한 삶을 살고 있었다. 허름한 옷에 점심 값까지 아껴가며 일을 하고 있었기 때문이다. 독특하게도 그가 하고 있었던 일은 당시 내가 근무했던 회사의 수위 일이었다. 나는 그와 종교적 관계로 친분을 맺고 있었기에 그의 비밀(?)을 알고 있었다. 하지만 다른 사람들은 겉모양만으로 그가 수십억 자산가인지 알 도리가 없을 정도였다.

당시 근무하던 회사의 1층에 은행이 있었는데 하루는 은행지점장과 수위아저씨가 함께 걸어 나오는 모습이 포착됐다. 그런데 은행지점장이 수위아저씨에게 연신 허리를 굽신대는 것이 아닌가! 사람들은 그 장면을 어리둥절한 표정으로 멍 때리며 보고 있을 수밖에 없었다. 도대체 고작 수위에게 은행지점장이 허리를 굽히다니! 잠시 후 은행지점장의 입에서 흘러나온 말은 사람들을 경악케 했다.

"우리 은행 최고의 VVIP 고객이십니다, 허허!"

그때 나도 그 모습을 보고 자못 놀랐다. 세상에 이 은행에서 최고의 예금자가 회사의 전무도 상무도 아닌 수위였다니!

아무튼 그 사건은 나로 하여금 부자에 대한 시각을 새롭게 하는 계기가 되었다. 보통 사람이라면 수십억 자산을 가지고 있으면서 초라해 보일 수밖에 없는 수위 일을 할 수 있을까. 게다가 내가 기억하기로 당시 수위의 월급은 고작 100만 원이 조금 넘을 정도였다. 그 적은 돈을 받으면서 말이다.

하지만 그는 전혀 그런 것에 개의치 않는 눈치였다. 그는 이미 자기가 소유한 몇몇 상가건물에서 벌어들이는 월세만도 만만치 않게 들어오는 데 굳이 수위 일을 하고 있었다.

하루는 내가 그에게 물었다.

"아니, 왜 수위 일을 하시는 거예요? 저라면 절대 하지 않을 것 같은데….”

“집에서 노는 것보다 낫지요. 나는 수위 일로 받는 월급으로 내용돈 쓰고 매달 100만씩 저축까지 할 수 있으니 이 일을 왜 마다해요.”

그의 대답에 나는 아연실색할 수밖에 없었다. 아니 100만 원 조금 넘게 받는 걸로 알고 있는데 100만 원을 저축한다면 도대체 한 달에 얼마를 쓰고 산다는 이야기인지….

나중에 알게 된 일이지만 그가 수위 일을 하는 데는 또 다른 이유도 있었다. 그것 역시 여기서 밝힐 수 없는 돈과 관계된 일이었으니 혀를 끌끌 찰 수밖에 없었다.

어쨌든 그는 엄청난 수입 중 단 10만 원 정도만 용돈으로 쓰고 나머지 전액을 저축하는 생활을 하고 있었다. 그가 얼마나 짠 내나는 생활을 하고 있는지 짐작이 갈 것이다. 그는 이렇게 저축하여 모은 돈을 종자돈으로 하여 다시 재투자하는 경제행위를 지속했다. 기가 막힌 것은 그가 사들이는 부동산은 아무리 부동산 경기가 안 좋은 시절에도 독야청청 그 값이 두 배 이상 뛰었다. 그렇게 그는 자산을 점점 불려나가고 있었다.

워낙 짠돌이 생활을 하기에 주변 사람들은 그에게 돈 좀 쓰라며 투덜거렸다. 하지만 그는 꿈쩍도 하지 않았다. 나도 그의 이런 짠돌이 성격을 알고 있었기에 큰 기대를 하지 않았다.

그런 그가 하루는 입이 쩍 벌어지는 일을 감행했다. 회사에서 함께 종교 활동을 하는 친구들 모두에게 한턱 내겠다는 것이다. 그가 우리를 데리고 간 곳은 마포에서도 가장 비싼 고깃집이었다. 이날 이후로 나는 그를 다시 보게 되었다. 그는 쓸 때 쓸 줄 아는 사람이었다. 이후에도 아주 가끔이지만 그는 이렇게 돈을 쓰곤 했다.

나는 그와 교회도 함께 다니게 되었는데 하루는 그가 교회 학생들에게 장학금을 주겠다는 선포를 했다. 교회 사람들도 그가 얼마나 짠돌이인지 알고 있었기에 매우 놀라지 않을 수 없었다.

나는 그의 곁에서 이런 모습들을 지켜보며 돈에 대한 부자의 또 다른 특성을 발견할 수 있었다. 그것은 부자들이 비록 돈을 아끼고 또 아끼지만 꼭 써야 할 때나 의미 있는 곳에는 아낌없이 돈을 쓴다는 사실이다. 즉 부자들은 돈을 쓸 때는 잘 써야 한다는 생각을 가지고 있음을 알 수 있었다.

시야를 좀 더 확장해 봐도 이는 부자들에게 공통된 돈의 관념 중 하나임이 분명했다. 내가 알고 있던 부자들은 대부분 꼭 필요한 곳에 돈을 잘 쓰는 사람들이었기 때문이다.

반면, 보통 사람들의 돈에 대한 생각은 어떤가? 그들은 돈이란 자신과 가족의 욕망을 채우기 위해 필요한 것에 지나지 않는다고 생각한다. 그래서 돈을 버는 족족 욕망을 채울 수 있는 모든 곳에 써버린다. 좀 더 좋은 집, 좋은 자동차, 좋은 핸드폰, 아이들 교육비, 좋은 외식… 등. 그리고 월말이 되면 돈이 부족해 허덕이며 산다. 결코 돈을 잘 쓴다고 볼 수 없는 삶이다.

당신은 돈에 대하여 어떤 생각을 갖고 있는가? 만약 이전까지 돈에 대하여 잘 써야 한다는 생각을 한 번도 갖지 않았다면 이는 부자가 되는 데 커다란 결격사유가 될 수 있다. 당장 돈에 대한 생각부터 교정해야 한다. 세상에 돈이 존재하는 가장 큰 이유 중 하나는 잘 쓰이기 위함이다. 부자들은 이런 돈의 속성을 잘 따르고 있었기에 돈이 따르는 것이고 빈자들은 이런 돈의 속성을 사소한 것으로 치부해 버렸기에 돈이 따르지 않는 것이다.

핵심마인드맵

Think episode 3 돈에 대한 부자들의 생각습관

핵심 생각 습관 정리

1. 부자들은 돈을 아끼고 사랑해야 한다고 생각한다.
2. 남에게 짠돌이 소리를 들을지언정 부자에게는 언제나 돈이 넘쳐나지만 뒷담화 하는 빈자는 늘 돈에 쪼들리며 오늘도 힘겨운 하루를 살아간다.
3. 그들은 돈이란 자신과 가족의 욕망을 채우기 위해 필요한 것에 지나지 않는다고 생각한다.
4. 세상에 돈이 존재하는 가장 큰 이유 중 하나는 잘 쓰이기 위함이다.

나의 대안

1. 당신이 부자의 꿈을 꾸고 있다면 지금 당장 아주 사소한 10원을 어떻게 다루고 있는지 돌아보라.
2. 이전까지 돈에 대하여 잘 써야 한다는 생각을 한 번도 갖지 않았었다면 이는 부자가 되는 데 커다란 결격사유가 될 수 있다.

Episode 4

부자들의 사소한
생각 습관 따라하기

좋은 습관을 가지려면, 습관의 두께 이론

시중에 나와 있는 습관 관련 책들을 살펴보면 대부분 성공자가 되기 위한 좋은 습관이나 실패자로 전락하는 나쁜 습관이 나열돼 있는 것들이 대부분이다.

성공자는 이런 좋은 습관들이 있었고 실패자는 이런 나쁜 습관이 있었으니, 실패자의 나쁜 습관을 버리고 성공자의 좋은 습관을 갖기 위해 노력하라는 것이 핵심 메시지들이다.

조금 더 습관에 대하여 파고든 책으로 찰스 두히그가 쓴 〈습관의 힘 - 반복되는 행동이 만드는 극적인 변화〉에는 습관의 고리를 끊거나 새로운 습관을 만드는 논리적 내용이 등장한다.

그는 신호-반복행동-보상이라는 논리적 사이클을 제시하며 좀 더 과학적으로 습관을 바꾸는 방법을 제시한다.

나는 이와 같은 습관 관련 책들을 볼 때 1차원 책과 2차원 책으로 구분하여 본다. 내가 말하는 1차원 책이란 전자에서 말하는 책들이다. 즉 좋은 습관에는 이러한 것들이 있고 나쁜 습관에는 이러한 것들이 있으니 나쁜 습관을 버리고 좋은 습관을 따라하라는 정도의 메시지를 담은 책들이다.

내가 이런 책들을 1차원 책이라고 규정하는 이유는 무작정 따라하라는 말이 막연하기 때문이다. 물론 이러한 책에 좋은 지식들이 풍부하게 담긴 것은 사실이나 이 경우 특별한 동기가 없다면 대부분 작심삼일로 끝나고 만다. 나에게 거의 도움이 되지 않는다.

이에 반해 2차원 책은 좀 더 낫다. 여기서 2차원 책이란 1차원 책들처럼 무작정 따라하라는 식이 아닌 〈습관의 힘 - 반복되는 행동이 만드는 극적인 변화〉와 같이 습관을 고치는 구체적 방법까지 제시한 책들이다. 2차원의 책들은 분명 1차원의 책들보다는 도움이 된다.

나의 경우도 2차원의 책들을 독파하여 작가의 꿈을 이룬 케이스다. 하지만 어느 정도 단계를 밟아 올라가다 보면 2차원의 책들로도 해결되지 않는 습관의 문제가 다수 발견된다. 오래된 습관들이 스멀스멀 기어 올라올 때는 대책이 없기 때문이다.

나는 한동안 나의 오래된 습관의 문제를 풀지 못해 골몰하다가 그 이유를 깨닫게 되었다. 그것은 앞에서도 이야기했듯, 습관의 본질을 잘 몰랐기에 일어났던 일이다.

습관에는 두께가 있다. 만약 그 습관이 고치고 싶은 것이라 했을 때 10년 동안 굳어온 습관이라면 그 습관에는 10년의 두께가 있다. 물론 20년 동안 굳어온 것이라면 20년의 두께가 있고 30년을 굳어온 것이라면 30년의 두께가 있다. 이러한 습관을 완전히 고치려면 이러한 두께들을 파고들 만한 두께의 지식이 있어야 한다.

만약 내 습관의 두께가 아주 얇다면 단지 1차원 정도의 책을 읽는 것만으로도 습관을 바꿀 수도 있다. 하지만 내 습관의 두께가 조금 더 두껍다면 1차원 책으로는 안 되고 2차원 정도의 지식을 담은 책이 필요할 것이다. 만약 내 습관의 두께가 아주 두껍다면, 그건 2차원 지식의 책으로도 뚫을 수 없다.

내가 고치지 못한 습관들이 바로 이러한 이유 때문에 2차원의 책들로도 고치지 못하고 있었다. 이건 나뿐만 아니라 이 책을 읽고 있는 모든 사람들에게 해당되는 이야기다. 대부분의 사람들이 오래된 습관의 두께를 가지고 있으므로.

내 습관의 두께가 정말 두껍다면 이 두께도 뚫어버릴 만한 그 이상의 지식을 담은 책이 필요하다. 나는 이와 같이 어떤 습관의 두께도 뚫어버릴 만한 그 이상의 지식을 3차원 지식이라 부르고 이 3차원 지식을 담은 책을 3차원 책이라 부른다. 이 책에서는 완전히는 아니겠지만 조심스럽게 이 3차원 지식에 대해 접근할 것이다.

이러한 습관의 '두께 이론'은 이제 새로운 습관을 만들 때에도 그대로 적용된다. 내가 어떤 부자의 습관을 따라하고 싶다고 할 때 만약 10일을 따라했다면 10일의 두께가 만들어졌을 뿐이다. 이는 조금만 유혹이 들어와도 무너져버리는 수준이다. 그런데 100일을 따라했다면 이제 조금 두툼한 두께의 습관이 만들어진다. 유혹을 이길 힘이 조금 생긴 두께이다. 그런데 1,000일을 따라했다면 어떻게 될까? 이는 제법 두꺼운 두께의 습관이 되어 웬만한 유혹에도 잘 넘어가지 않는 습관이 될 것이다.

이러한 새로운 습관을 만들 때의 문제는 얼마큼 지속적으로 따라할 수 있느냐에 달려 있다. 습관을 따라한다는 것은 나의 행동이 계속 그 습관을 향해 움직이고 있음을 뜻한다. 습관을 지속적으로 따라하는 문제의 핵심은 얼마나 행동을 지속적으로 할 수 있느냐의 문제로 수렴된다.

행동은 어떨 때 지속할 수 있을까? 행동은 생각에서 파생되는 것이므로 내 생각이 따라 하고자 하는 어떤 지식에 완전히 동의했을 때 행동이 나온다. 만약 10% 동의했다면 10% 정도의 행동밖에 나오지 않을 것이고 50% 동의했다면 50%의 행동만 나올 것이다. 그런데 100% 동의했다면 이제 그 행동은 정말 끊이지 않고 지속적으로 따라할 수 있다.

결국 지속적 습관 따라하기의 문제는 내가 바꾸거나 새로 만들어야 할 습관에 대한 지식에 내가 얼마나 동의하느냐의 문제로 수렴된다고 할 수 있다.

돈이 따르는 부자들의 생각습관들

지속적 습관 따라 하기의 핵심이 따라 하고자 하는 습관의 지식에 얼마나 동의하느냐에 달려 있다면 이제 따라 하고자 하는 습관의 지식에 대한 이해에 나의 에너지를 집중해야 할 것이다.

이곳에서 우리가 목표로 하는 습관의 지식은 부자들의 사소한 생각습관이다.

부자들의 사소한 생각습관을 열거해 보면 다음과 같다.

- 부자들은 돈을 아끼고 사랑해야 한다고 생각한다.
- 부자들은 돈을 잘 써야 한다고 생각한다.
- 문제에 대하여 부자는 그 원인을 자기에게서 찾는다.
- 부자는 먼저 자기 앞가림을 해야 남도 도울 수 있다고 생각한다.
- 부자는 지속적으로 성장해야 한다고 생각한다.

습관 관련 책들은 보면 이 외에도 수많은 좋은 습관들이 나오지만 그것은 수많은 부자들의 특징을 모두 나열해 놓은 것이므로 다 따라할 수 없다. 따라서 그 지식들을 모두 습득하기보다는 그 중 내가 정말 따라할 수 있는 몇 가지를 정해 먼저 따라하는 연습을 하는 것이 더 중요하다.

이 부자들의 사소한 생각습관들 중 '부자들은 돈을 잘 써야 한다고 생각한다.'는 지식에 대하여 파고들어 보자.

왜 돈을 잘 써야 부자가 될까? 돈은 지구상에 존재하는 물질 중 가장 큰 에너지를 담은 것 중 하나이다. 세상에 물질이 존재하는 이유는 잘 쓰이기 위함이다. 의자는 앉는 데 쓰이기 위해 존재하고 연필은 쓰이기 위해 존재한다. 마찬가지로 돈도 인간을 유익하게 하는 데 잘 쓰이기 위해 존재한다. 더욱이 가장 큰 에너지를 담고 있는 돈이다 보니 더욱 잘 쓰이기를 원한다.

그런데 욕망에 들뜬 인간들이 이러한 돈의 본질을 왜곡하면서 돈의 성질이 흐려졌다. 개인의 욕망을 채우거나 온갖 허영심을 채우는 도구로 전락한 것이다.

부자들은 절대 자신의 욕망이나 허영심을 채우기 위해 돈을 쓰지 않는다. 혹 어쩌다 돈이 생겨 부자가 되었다 하더라도 돈을 이런 목적으로 사용한다면 얼마 지나지 않아 돈은 그 부자를 떠나버릴 것이고 그는 부자의 지위를 박탈당하고 말 것이다. 우리는 이런 모습을 오늘도 뉴스의 보도를 통해 체험하고 있다.

당신은 '부자들은 돈을 잘 써야 한다고 생각한다.'는 위의 지식에 얼마나 동의하는가? 만약 10% 동의한다면 10% 따라 할 힘이 생길 것이고 100% 동의한다면 100% 따라 할 힘이 생길 것이다.

습관 두께 이론에서 또 하나 알아야 할 것은 그 습관과 관련된 지식에도 두께가 있다는 사실이다. 이른바 '지식 두께 이론'이다. 앞에서 '부자들은 돈을 잘 써야 한다고 생각한다.'는 지식에 대하여 내가 아주 간단한 지식을 열거했지만 이건 빙산의 일각일 뿐이다. 이와 관련하여 인터넷을 검색하거나 유튜브 강의, 관련 책들을 살펴보면 그 지식의 두께가 얼마나 깊고 넓은지 체험할 것이다. 부자들의 사소한 생각습관 따라 하기를 지속하고 싶다면 이제 이러한 지식의 두께 또한 쌓아나가는 일을 지속해야 한다.

지식의 두께는 생각의 두께를 만들고 생각의 두께는 행동의 두께를 만든다. 그 행동의 두께가 바로 습관으로 자리 잡는 것이다.

이제 이러한 원리를 적용하여 내가 따라하고 싶은 나머지 지식의 항목에 대하여서도 하나하나 적용해 보라. '부자들은 돈을 아끼고 사랑해야 한다고 생각한다.'는 지식에도 엄청난 깊이와 넓이가 있다. 그것을 얼마나 이해하고 내 것으로 받아들이느냐에 따라 행동의 지속 여부가 결정된다. 다음 지식의 항목들에 대하여서도 마찬가지다.

· 문제에 대하여 부자는 그 원인을 자기에게서 찾는다.
· 부자는 먼저 자기 앞가림을 해야 남도 도울 수 있다고 생각한다.
· 부자는 지속적으로 성장해야 한다고 생각한다.

핵심마인드맵

Think episode 4 부자들의 사소한 생각습관 따라 하기

핵심 생각 습관 정리

1. 내 습관의 두께가 정말 두껍다면 이 두께도 뚫어버릴 만한 그 이상의 지식을 담은 책이 필요하다.
2. 지속적 습관 따라 하기의 문제는 내가 바꾸거나 새로 만들어야 할 습관에 대한 지식에 내가 얼마나 동의하느냐의 문제로 수렴된다고 할 수 있다.
3. 지식의 두께는 생각의 두께를 만들고 생각의 두께는 행동의 두께를 만든다. 그 행동의 두께가 바로 습관으로 자리잡는 것이다.

나의 대안

1. 습관에 대한 지식을 얼마나 이해하고 내 것으로 받아들이느냐에 따라 행동의 지속 여부가 결정된다.
2. 행동은 생각에서 파생되는 것이므로 내 생각이 따라하고자 하는 어떤 지식에 완전히 동의했을 때 행동이 나오게 된다.

Episode 5

부자들의 사소한
생각 습관 훈련법

사소한 생각습관 단순 훈련법

생각은 마치 공기와 비슷하다. 공기를 느끼지 못하는 것처럼 생
각도 느끼지 못하는 사이에 하고 있으므로. 사람들은 당장 느끼지
못하는 것은 사소한 것으로 치부해 버리는 경향이 있다. 하지만
진리는 항상 인간의 생각 반대편이 있는 법이다. 사소하다고 느끼
는 그것이 바로 가장 중요한 것처럼.

음식이 없어도 40일을 버틸 수 있지만 공기가 없다면 단 몇 분
도 버티지 못한다. 그만큼 공기는 중요한 것이다. 마찬가지로 생
각 또한 인간을 움직이는 실체가 될 만큼 중요한 것이다.

따라서 생각을 바로 잡는 것만큼 중요한 일도 없다. 다행히 생각
은 의지에 따라 조절할 수 있으므로 훈련에 의해 바로 잡을 수 있다.

생각에는 좋은 생각과 나쁜 생각이 있는데 좋은 생각은 사랑, 꿈, 성공, 긍정, 희망, 열정, 평화, 사명 등에 대하여 생각하는 것이다. 나쁜 생각은 잡생각, 불평, 불만, 분노, 탐욕, 미움, 시기, 질투, 교만, 불안, 걱정, 두려움, 절망 등에 대하여 생각하는 것이다. 좋은 생각은 나를 성공과 행복으로 이끌고 나쁜 생각은 나를 불행과 파멸로 이끈다. 따라서 좋은 생각은 습관으로 굳히고 나쁜 생각은 뿌리를 뽑아야 한다.

생각습관 훈련은 바로 이것을 실천하는 운동이다.

먼저, 나쁜 생각을 차단하는 훈련을 해보자. 이에 대하여 닥터 유로 유명하신 유태우 의사님이 개발하신 생각 차단법을 소개한다. 방법은 아주 간단하다. 나쁜 생각이 떠오르려 할 때 눈을 감고 뇌에 집중하며 '생각 차단'이라는 말을 되뇌는 것이다. 그러면 감쪽같이 나쁜 생각들이 싹 사라져 버린다. 물론 이게 한순간에 되는 것은 아니며 지속적인 노력과 훈련을 하다보면 어느 새 나는 나쁜 생각을 많이 하지 않는 습관을 갖게 될 것이다.

다음으로 좋은 생각을 심는 훈련을 해보자. 이때는 명상의 방법이 큰 도움이 된다. 내가 주로 하는 명상법 2가지를 소개하면 다음과 같다.

호흡 명상법

① 눈을 감고 숨을 들이마시기 시작한다.
② 이때 공기가 들어오는 길을 상상하며 천천히 들이마신다. 코-기관

지-허파꽈리-허파 혈관 속-온몸의 혈관으로 퍼져나가는 상상을 한다.

③ 공기가 들어올 때 공기 속에 맑은 산소와 맑은 기운이 내 몸에 들어와 깨끗하게 해 주는 상상을 한다.

④ 반대로 숨을 내 쉴 때는 역순으로 온몸의 혈관-허파 혈관 속-허파꽈리-기관지-입으로 나오는 상상을 한다. 내쉬는 숨은 입으로 내쉬도록 한다.

⑤ 공기가 나갈 때 공기 속에 내 몸의 노폐물과 탁한 기운이 빠져나가 내 몸이 깨끗해지는 상상을 한다.

⑥ 위의 과정을 5차례 정도 반복하면 마음이 아주 안정된 상태로 된다. 이때 내가 원하는 좋은 생각을 한다. 부자의 사소한 생각습관에서 '나는 부자처럼 돈을 아껴 쓸 것이다' 또는 '나는 부자처럼 돈을 꼭 필요한 곳에만 잘 쓸 것이다' 등의 생각을 할 수 있다. 그러면 이것이 자기도 모르게 자기 암시가 되어 뇌에 기억하게 된다. 그리고 뇌는 다시 그 기억을 내 몸에 신호를 보내 행동으로 이어지게 해 줄 수 있다.

숫자 명상법

① 눈을 감고 편안하게 숨을 쉬면서 숫자 10을 떠올린다.

② 계속하여 9, 8, 7… 2, 1을 떠올린다.

③ 숫자 0을 떠올리며 내가 가장 편안하고 행복했던 장소를 떠올린다. 나의 경우 아주 잔잔한 바닷가 물침대 위에 누워 있는 장면을 상상한다.

④ 그러면 아주 마음이 평안한 상태에 빠져든다. 이때 부자의 사소한 생각습관에서 '나는 부자처럼 돈을 아껴 쓸 것이다' 또는 '나는 부자처럼 돈을 꼭 필요한 곳에만 잘 쓸 것이다' 등의 생각을 할 수 있다. 그러면 이것이 자기도 모르게 자기암시가 되어 뇌에 기억하게 된다. 그리고 뇌는 다시 그 기억을 내 몸에 신호를 보내 행동으로 이어지게 해줄 수 있다.

매일 잠자리에 들기 전이나 아침에 일어났을 때 위와 같은 생각 훈련을 해 주면 긍정적 생각습관을 갖는 데 큰 도움이 될 것이다.

특히 앞에서 소개했던 부자들의 사소한 생각을 적어서 활용하면 부자들의 사소한 생각습관을 기르는 데에도 도움을 줄 수 있다.

적두노 생각습관 훈련법

다음은 앞에서 이야기했던 적두노 습관 훈련을 이용한 생각습관 훈련법이다. 내가 따르고 싶은 부자들의 생각습관을 욕심내지 말고 한 가지만 적어서 실천해 보라.

따르고 싶은 습관 〈예〉

돈을 잘 써야 한다.

∴습관 실천표(월간 주간)

주차	구체적 계획
월간 목표	〈예〉 - 돈 잘 쓰는 것에 대한 깊은 지식 공부를 한다. - 돈을 잘못 쓰는 부분을 체크한다. - 돈을 잘 쓰는 부자를 찾아 벤치마킹 한다. - 돈 잘 쓰는 부분을 찾아 실천한다.
1주차 (일~ 일)	- 돈 잘 쓰는 것에 대한 깊은 지식 공부를 한다. - 돈을 잘못 쓰는 부분을 체크한다.
2주차 (일~ 일)	- 돈 잘 쓰는 것에 대한 깊은 지식 공부를 한다. - 돈을 잘못 쓰는 부분을 체크한다. - 돈을 잘 쓰는 부자를 찾아 벤치마킹 한다.

3주차 (일~ 일)	– 돈 잘 쓰는 것에 대한 깊은 지식 공부를 한다. – 돈을 잘못 쓰는 부분을 체크한다. – 돈을 잘 쓰는 부자를 찾아 벤치마킹 한다. – 돈 잘 쓰는 부분을 찾아 실천한다.
4주차 (일~ 일)	돈 잘 쓰는 것에 대한 목록 만들어 실천하기 – 돈에 대한 지식 공부에 돈 쓰기 – 가족의 바른 생활 습관을 돕는 것에 돈 쓰기 – 주변 사람들의 바른 생활을 돕는 것에 돈 쓰기 등
5주차 (일~ 일)	돈 잘 쓰는 것에 대한 목록 만들어 실천하기 – 돈에 대한 지식 공부에 돈 쓰기 – 가족의 바른 생활 습관을 돕는 것에 돈 쓰기 – 주변 사람들의 바른 생활을 돕는 것에 돈 쓰기 등

∴ 습관 실천표(일간)

날짜	구체적 목표 (하루에 돈 잘 쓰기와 관련된 행동 1개 이상 하기)	평가
1		
2		
3		
4		
5		
6		
7		
8		
9		
10		
11		
12		
13		
14		
15		
16		
17		
18		
19		
20		
21		

22		
23		
24		
25		
26		
27		
28		
29		
30		
31		

습관 코칭 핵심마인드맵

Think episode 5 부자들의 사소한 생각습관 훈련법

핵심 생각 습관 정리

1. 적고 계획표를 만든다.
2. 습관과 관련된 지식의 두께를 쌓아나간다.
3. 실천하도록 노력한다.

나의 대안

1. 꿈이야말로 가장 큰 동기의 신호요, 가장 큰 보상이 될 수 있다.
2. 지식은 마치 양파와도 같은 성질이 있어서 하나의 껍질을 까면 그 안에 더 깊은 지식이 또 있다.
3. 적고 두께를 공부하는 것까지 했더라도 마지막 노력이 없으면 습관은 절대 만들어지지 않는다.

돈을 버는 사 소 한 습 관 2

Talk

말은 곧 에너지다

Episode 1

말이 중요한 과학적 이유

신비스런 말의 비밀

말은 생각처럼 너무 쉽게 할 수 있고 또 흔히 하는 경향이 있기에 그 중요성에 대하여 사소하게 지나치기 쉽다. 그러나 말을 조금만 관찰해 보면 참 신비스럽기 그지없다. 이 세상 생물 중 말을 하는 생물은 인간이 유일하기도 하려니와 어떻게 이처럼 다양한 표현이 있을까, 하는 점도 더욱 신비롭다.

말이 가진 신비로움을 직접 실험으로 측정해 본 연구가도 있다. 〈물은 답을 알고 있다〉라는 베스트셀러 저자인 일본의 에모토 마사루는 말에 따른 물의 결정 변화 실험에서 놀라운 결과를 얻었다.

다음은 물을 향해 각 단어를 말한 후 물을 얼려 얼음의 결정 상태를 현미경으로 찍은 사진이다. 놀랍게도 사랑, 감사, 천사와 같

| 사랑 · 감사 | 악마 | 천사 | 짜증나,죽어버릴꺼야 |

은 긍정적 말 앞에서 물은 아름다운 모양의 결정 구조를 만든 반면, 악마, 짜증 나 등과 같은 부정적 말 앞에서는 괴팍한 모양의 결정 구조를 만들어냈다.

〈물은 답을 알고 있다〉라는 책을 보면 이 외에도 여러 가지 종류의 말에 대해 물이 만드는 결정 모양의 사진이 나와 있다. 대부분 긍정적 말에는 아름답고 예쁜 결정 모양을, 부정적 말에는 괴팍하고 이상한 결정 모양을 만드는 것으로 나온다.

말에 대한 과학적 실험은 이것으로 끝나지 않는다. 이미 우리나라 초등학교 과학 책에는 다음과 같은 실험이 나온다. 양파에 대고 각각 다음과 같은 말을 했을 때 양파에 나타나는 변화를 측정하는 실험이다. 다음의 결과를 보라.

말 에너지의 과학적 증명

마사루의 실험과 양파 실험은 무엇을 의미할까? 말에도 무형의 에너지가 있으며 물에도 이를 감지하는 무형의 에너지가 있음을 뜻한다. 여기서 말하는 무형의 에너지란 단지 우리가 알고 있는 에너지가 아니다. 뜻을 담은 에너지다. 동양에서는 이를 기(氣)라 하기도 한다.

나는 에너지에 대하여 깊이 공부하고 또 공부한 결과 무형의 에너지와 유형의 에너지가 있다고 생각한다. 유형의 에너지란 우리가 알고 있는 빛에너지, 열에너지, 전기에너지 등 보통의 물질 에너지다. 이에 반해 무형의 에너지는 물질적으로는 감지되지 않으나 존재하는 에너지로 뜻을 담은 에너지다. 뜻을 담고 있거나 뜻에 반응하는 에너지인 것이다.

이러한 무형의 에너지는 비물질 에너지로서 물질 에너지를 훨씬 능가하는 힘을 갖고 있다. 이는 간단한 것으로 증명해 낼 수 있다. 물질 에너지를 갖고 있는 돌이 있다고 치자. 돌은 스스로는 절대 움직일 수 없다.

하지만 비물질 에너지인 나의 생각이 작동하면 내 손을 들어 돌을 간단히 움직일 수 있다. 이뿐만 아니다. 지금 지구상에 존재하는 가장 강력한 물질 에너지인 핵폭탄도 비물질 에너지인 인간의 지식으로 만들어졌다. 비물질 에너지 무형 에너지의 힘은 이처럼 대단한 것이다.

비물질 에너지의 종류에는 지식, 감정, 의지, 생각, 말, 느낌…
등 인간의 정신과 관련된 것에 주로 존재하며 지구를 포함한 우주
의 생명체에도 존재한다. 여기서 생명체란 단지 생물만을 뜻하지
않으며 물, 공기, 돌, 흙과 같은 자연의 생명력을 가진 것도 포함
된다.

아직까지도 비물질 에너지인 무형 에너지의 실체에 대해 의심이
든다면 이를 증명해 낸 과학적 실험이 있으니 참고하기 바란다.

최초로 에이즈 바이러스를 발견한 프랑스의 의사, 뤼크 몽타니
에는 다음과 같은 실험을 하였다.

에이즈 바이러스에 감염된 세포가 담긴 물에 구리선을 넣고 구
리선에 지구 자기장 주파수인 7.83Hz의 전자기파를 흘려주었다.
그랬더니 놀랍게도 에이즈 바이러스에 감염된 세포가 정상세포로
돌아왔다. 몽타니에는 계속하여 물에서 세포를 꺼낸 후 물 외에는
아무것도 없는 상태를 만들었다. 그리고 여기에 다시 지구 자기장
주파수인 7.83Hz의 전자기파를 흘려주었다. 이번에는 경악할 만
한 일이 일어난다. 아무것도 없던 물에서 새로운 세포 하나가 창
조된 것이다. 도대체 어떻게 이런 일이 일어날 수 있을까?

그것은 물에 뜻에 반응하는 무형의 에너지가 있음을 증명한다.
즉, 물은 이전에 있었던 세포를 기억하고 있다가 그때와 똑같은
7.83Hz의 전자기파가 흐르자 그 세포를 기억해 내고는 무형 에너
지의 힘으로 이전의 세포를 창조해 낸 것이다. 기억해야 할 것은

무형 에너지는 새로운 생명을 창조해 낼 정도로 강력한 힘을 가진 다는 사실이다.

무형 에너지가 이런 힘을 발휘할 수 있는 까닭은 무형 에너지에는 뜻이 담겨 있기 때문이다.

이제 다시 말의 신비로 돌아와 보자. 말에는 강력한 무형 에너지가 담겨 있다. 그것도 가장 강력한 무형 에너지가!

그 이유는 간단하다. 말이란 인간의 또 다른 무형 에너지인 지식, 감정, 의지, 생각 등이 마음속에서 융합한 후 총체적으로 터져 나오는 최고의 무형 에너지이기 때문이다.

이처럼 강력한 무형 에너지를 담고 있는 말이 상대에게 전달될 때 어떤 일이 일어날까? '말'은 상대를 그대로 '강타'하게 된다. 내가 '강타'라는 강한 표현을 쓴 이유는 이것이 앞에서 이야기했던 몽타니에의 실험과 마사루의 실험 그리고 양파 실험처럼 작동하기 때문이다.

즉, 인간의 몸은 70%가 물로 이루어져 있으며 이 물이 말에 반응하는 것이다.

내가 상대에게 좋은 말을 한다면 좋은 무형 에너지가 전달되어 상대도 좋은 영향을 받을 것이다. 반대로 내가 상대에게 나쁜 말을 한다면 나쁜 무형 에너지가 전달되어 상대는 나쁜 영향을 받을 것이다. 말의 힘은 이와 같이 과학적 원리로 작동된다.

말 에너지의 반사 법칙

말이 가진 무형 에너지의 신비는 여기에서 끝나지 않는다. 빛에너지의 과학에서 '반사 법칙'이라는 게 있다. 빛에너지가 유리창 같은 것에 부딪칠 때 반사되어 되돌아오는 것이다.

말이 가진 무형 에너지도 이런 과학적 법칙을 따른다. 즉, 내가 상대에게 말을 하면 말이 가진 무형 에너지는 상대에게 간 후 다시 반사되어 나에게로 되돌아오는 것이다. 이것은 마치 산에서 '야호' 하고 함성을 지를 때 이게 메아리를 치면서 다시 나에게 돌아오는 것과 비슷하다.

더 놀라운 것은 이때 되돌아오는 무형 에너지는 처음 내가 상대에게 보낸 무형 에너지가 배가되어 온다는 사실이다. 그 이유는 처음 내가 보낸 무형 에너지에 상대가 받은 무형 에너지가 더해지기 때문이다. 이런 이유로 내가 내뱉은 말은 두 배의 힘이 되어 다시 나에게로 되돌아오는 성질이 있다.

이런 지식을 기준으로 내가 상대에게 어떤 말을 한다고 가정해 보자. 상대에게 좋은 말을 하면 나는 두 배의 좋은 힘을 얻을 것이다. 상대에게 나쁜 말을 한다면 두 배의 나쁜 에너지를 되받을 것이다. 당신은 상대에게 어떤 말을 하고 싶겠는가. 더욱이 이런 사실이 단지 주장이 아닌 과학적으로 증명된 것이니 우리는 말을 더욱 조심할 수밖에 없다.

말의 무형 에너지에 대해 또 하나 이야기하고 싶은 것이 있다.

그것은 내가 상대로 하는 대상이 한 명이 아니 복수일 경우의 이야기다.

다음 그림과 같이 내가 한 명의 너에게 말을 할 때 2배의 힘이 나에게로 반사되어 되돌아온다.

이런 기준으로 내가 두 명의 우리에게 말을 한다면 3배의 힘이 나에게로 반사되어 되돌아올 것이다. 세 명의 우리에게 말을 한다면 4배의 힘이 되돌아올 것이고.

이제 당신은 말의 무형 에너지가 갖는 반사 법칙의 힘에 대해 알겠는가. 내 말이 상대하는 사람의 수가 많을수록 더욱 큰 힘을 받게 되어 있다는 이야기다. 더 많은 상대에게 좋은 말을 하면 더 좋은 힘을 받게 될 것이고, 더 많은 상대에게 나쁜 말을 하면 더 나쁜 힘이 되돌아와 나를 치게 될 것이다.

마지막으로 말의 종류에 따라 달라지는 무형 에너지의 힘에 대해서도 알아두면 좋다.

말이 담은 가장 큰 의미는 '뜻' 이다. 뜻을 전달하기 위해 말이 생긴 것이다. 뜻은 지식을 내포한다. 지식에는 앞에서도 이야기했듯 상 지식이 있고, 중 지식, 하 지식이 있다. 하 지식은 전통으로 이어져 온 상식 수준의 지식으로 실제 문제해결 능력에는 의문 부호가 붙는다. 중 지식은 실제 경험에서 우러나온 지식으로 어느 정도의 실제적 문제해결 능력을 갖는다. 상 지식은 실제 문제를 해결할 수 있는 힘을 가진 진리의 지식이다.

내가 하는 말이 어느 수준의 지식을 담느냐에 따라 말이 가진 무형 에너지의 힘도 달라진다. 하 지식을 담은 말을 한다면 작은 힘의 무형 에너지를 발산할 것이고 중 지식을 담은 말을 한다면 중간 힘의 무형 에너지를 발산할 것이다. 만약 내가 상 지식을 담은 말을 할 수 있다면 이제 아주 큰 힘의 무형 에너지를 발산할 수 있을 것이다.

이제 당신은 자신이 하는 말이 얼마나 큰 힘과 영향을 갖고 있는지 알게 되었을 것이다. 이런 말을 사소하게 여겨 아무렇게나 한다면 이는 얼마나 어리석은 일이겠는가. 아마도 그래서 '말조심'이라는 말도 나왔을지도 모른다.

핵심마인드맵

Talk episode 1 말이 중요한 과학적 이유

핵심 생각 습관 정리

1. 무형의 에너지는 물질적으로는 감지되지 않으나 존재하는 에너지로 뜻을 담은 에너지다.
2. 말이란 인간의 또 다른 무형 에너지인 지식, 감정, 의지, 생각 등이 마음속에서 융합한 후 총체적으로 터져 나오는 최고의 무형 에너지이다.
3. 내가 상대에게 좋은 말을 한다면 좋은 무형 에너지가 전달되어 상대도 좋은 영향을 받을 것이다.
4. 내가 내뱉은 말은 두 배의 힘이 되어 다시 나에게로 되돌아오는 성질이 있다.

나의 대안

1. 상대에게 좋은 말을 하면 나는 두 배의 좋은 힘을 얻을 것이다. 상대에게 나쁜 말을 한다면 두 배의 나쁜 에너지를 되받을 것이다.
2. 더 많은 상대에게 좋은 말을 하면 더 좋은 힘을 받게 될 것이고, 더 많은 상대에게 나쁜 말을 하면 더 나쁜 힘이 되돌아와 나를 치게 될 것이다.

Episode 2

빈자들의 말버릇,
부자들의 말 습관

가난해지는 말버릇

말버릇이라는 말이 있다. 버릇이란 주로 안 좋은 습관을 지칭할 때 쓰는 말이므로 말버릇이란 안 좋은 언어 습관을 뜻한다. 그래서 때로는 '고약한'이라는 형용사를 덧붙여 말버릇을 비하하기도 한다. 반대로 좋은 말은 '습관'이라는 고상한 단어를 붙이지 버릇이라는 단어를 잘 붙이지 않는다.

말버릇이 생기는 이유는 말을 아주 사소히 여겨 아무렇게나 쓰다 보니 나타난 결과일 터이다. 재미있는 것은 부자가 습관적으로 쓰는 말이 따로 있고 보통 사람이나 빈자가 습관적으로 쓰는 말버릇이 따로 있다는 사실이다.

여기에서는 보통 사람들이나 빈자들이 사소하게 여겨 실수하는 말버릇에 대해 알아보도록 하자.

〈실패한 사람들은 말의 8할이 부정이다〉를 쓴 프란체스코 알베로니는 보통 사람이나 빈자들이 성공의 위치에 가지 못하는 이유가 말버릇에 있음을 시사한다. 그는 자신의 책에서 실패한 사람들이 주로 하는 말에는 80%가 부정적 의미를 담고 있다고 한다.

다음에 우리가 사소히 여기며 내뱉는 부정적 말을 모아보았다.

- 어휴, 난 못해!
- 난 안 돼!
- 난 원래 그래.
- 난 왜 이 모양일까?
- 걱정이야.
- 여유가 없네요.
- 나도 그건 다 알아.
- 내 방식대로 하는 게 나을 거야.
- 그 놈의 돈 땜에….
- 경기가 안 좋아!
- 정치가 이 모양이니!
- 그 일이 되겠어요?
- 바빠서 시간이 없네.
- 넌 나빠!
- 부자 놈들은 다 나빠!
- 그 놈 때문에 내가 이 모양이야.

– 사장이 꼼생이야.

– 너 어디 아파?

– 너 왜 이리 살쪄 보이냐?

– 키도 조그마한 게.

– 저 사람 왜 저렇게 못생겼냐?

어떤가? 이 글을 읽고 있는 당신도 가슴이 뜨끔한 부분이 있을 것이다. '어 나도 저런 말 쓴 적 있는데…'라면서. 사실 나도 위의 말 중 몇 가지를 버릇처럼 쓰고 있는 말이 있다.

사실 위에 열거된 말들은 우리가 평상시 거의 쓰고 있는 말들임을 주목하라. 인간의 본능은 부정적 유전자가 주를 이루기에 대부분 부정적 사고에 익숙해 있다. 그 부정적 사고에 의해 튀어나오는 말도 부정적 에너지를 담은 것들이 터져 나올 수밖에 없다. 그래서 보통의 사람들은 위에 열거된 말들을 거의 입에 달고 산다.

그래서 저 말들에 무슨 문제가 있단 말인가요, 하며 반문하고픈 사람들도 있다.

하지만 위에 열거된 말들에는 우리가 놓치는 사소한 실수가 담겨 있다. 처음에 열거한 다음 말들은 자기를 비하하는 실수가 담겨 있다.

– 어휴, 난 못해!

– 난 안 돼!

- 난 원래 그래.
- 난 왜 이 모양일까?
- 걱정이야.

다음의 말들은 상대를 존중하지 못한 채 자신의 고집이나 교만의 실수가 담겨 있다.

- 나도 그건 다 알아.
- 내 방식대로 하는 게 나을 거야.

다음에 열거한 말들은 문제의 원인을 환경 탓으로 돌리는 실수가 담겨 있다.

- 그 놈의 돈 땜에….
- 경기가 안 좋아!
- 정치가 이 모양이니!
- 그 일이 되겠어요?
- 바빠서 시간이 없네.

다음의 말들은 문제 원인을 남 탓으로 돌리는 실수가 담겨 있다.

- 넌 나빠!
- 부자 놈들은 다 나빠!

– 그 놈 때문에 내가 이 모양이야.

다음의 말들은 상대를 비하하거나 상처 주는 실수가 담겨 있다.

– 사장이 꼼생이야
– 너 어디 아파?
– 너 왜 이리 살쪄 보이냐?
– 키도 조그마한 게.
– 저 사람 왜 저렇게 못생겼냐.

위 말들의 공통점은 모두가 부정적 에너지를 담고 있다는 데 문제가 있다. 앞에서도 이야기했듯 말에 담긴 무형 에너지는 반사법칙을 따른다. 즉 부정적 에너지를 내뿜으면 부정적 에너지가 되돌아와 나를 친다.

돈의 본질은 긍정 에너지임을 잊지 마라. 즉, 긍정 에너지가 많은 곳에 돈이 이끌려온다. 또 어떤 욕심에 의해 이끌려온 돈이라도 부정 에너지가 많으면 다시 튕겨져 나가버린다. 이것이 돈의 속성이다. 예를 들어 누가 좋은 꿈을 꿔 복권에 당첨되어 벼락부자가 되었더라도 그가 부정 에너지를 계속 발사하면 돈은 떠나가 버린다. 실제 수많은 로또 당첨자들의 말로가 비참히 끝난 것이 이를 방증한다. 그나마 로또 당첨자들 중 남을 위해 돈을 쓴 사람들은 아직도 부를 유지한 채 살아가고 있다고 한다.

내가 부정적 에너지가 담긴 말을 쏟아낼 때 절대 돈은 나를 따르지 않는다. 돈이 나를 따르지 않으니 나는 힘겹게 돈을 쫓는 삶을 살 수밖에 없다. 이 얼마나 어리석은 삶인가. 이런 이유로 오늘도 빈자들과 보통 사람들은 돈의 굴레에서 벗어나지 못한 채 그리스 신화의 시지프스처럼 쳇바퀴 돌아가듯 힘겹게 돈의 노예로 살아가고 있다.

돈을 버는 언어는 긍정적이다

놀라운 것은 우리들이 일상적으로 사용하는 말을 부자들은 잘 사용하지 않는다는 데 있다. 설마 하고 손사래를 칠지 모르나 실제 많은 부자들을 가까이서 관찰해 보면 그들은 이런 부정적인 언어를 거의 사용하지 않는다. ― 물론 부자도 부자 나름이라 일시적 운으로 부자가 된 사람은 제외해야 할 것이다. 이 책에서 부자라 칭하는 개념의 부자는 지속적 부자의 DNA를 갖고 있는 사람들이다.

그렇다면 부자들은 주로 어떤 말 습관을 가지고 있을까? 부자들이 주로 사용하는 말을 열거해 보면 다음과 같다.

― 운이 좋네요!
― 나도 꽤 괜찮은 사람입니다.

- 한 번 해볼게요.

- 잘 할 수 있을 것 같습니다.

- 잘 될 겁니다.

- 시간을 내보겠습니다.

- 당신의 생각을 알고 싶어요.

- 그 방식도 꽤 괜찮아 보입니다.

- 어디 투자할 데 있을까요?

- 돈은 소중한 것이니까요.

- 경기가 안 좋을 때가 바로 기회죠!

- 정치 탓할 필요 없어요.

- 그 일이 될 수 있는 방법을 찾아보아요.

- 바쁘긴 한데 시간을 내보죠.

- 이유가 있겠죠!

- 어디 문제가 있는지 살펴봐야겠습니다.

- 그 사장님 존경합니다.

- 보기가 아주 좋습니다.

- 작은 고추가 매운 법이죠.

- 참 개성이 넘칩니다.

어떤가? 대부분의 말에서 긍정의 향이 느껴지지 않은가. 물론 부자들도 부정적 말을 사용하긴 한다. 부자들이 주로 하는 말실수는 가진 게 많다 보니 교만심이 생겨 하는 말들이다. 주로 자신의 재력에 대해 자랑하는 말에서 실수를 많이 한다. 하지만 중요한 것은 쏟아놓는 수많은 말의 비율이다.

부자들은 부정적 말의 비율보다 긍정적 말의 비율이 더 높다. 반면 보통 사람들이나 빈자들은 부정적 말의 비율이 훨씬 높다. 이것이 부자와 빈자를 가르는 가장 큰 차이다.

위와 같은 긍정적 말들은 긍정적 에너지를 발산한다. 일단 긍정적 에너지는 상대에게 긍정적 에너지를 부어준다. 그리고 그 긍정적 에너지는 배가되어 다시 되돌아온다. 긍정적 에너지가 배가된 부자들 주변에는 좋은 사람들이 몰려 있다. 이는 이끌림의 법칙에 의한 자연현상이다.

과학에 'Like likes Like'라는 법칙이 있는데 이는 끼리끼리 모이는 법칙을 뜻한다. 즉, 좋은 것은 좋은 것끼리, 나쁜 것은 나쁜 것끼리 모이는 것이다. 그래서 옛날부터 어른들이 나쁜 친구 사귀지 마라고 입버릇처럼 이야기해 왔다. 'Like likes Like'에 의해 나쁜 친구를 사귀면 나도 나쁘게 되기 때문이다.

이와 같은 원리로 긍정적 에너지가 축적된 부자 주변에는 좋은 사람들이 몰려 있고 이들의 네트워킹이 형성돼 있다. 이제 긍정적 에너지를 따르는 돈들의 움직임이 어떻게 될지는 부연설명하지 않아도 될 것이다. 이들의 축적된 긍정 에너지를 향해 돈들은 마구 달려들게 된다. 그래서 부자들은 힘들게 돈을 쫓지 않고도 많은 돈을 벌 수 있게 된다.

돈을 많이 벌려면 돈에 대해서도 긍정적이어야 한다

내가 부자들의 말 습관 이야기를 하면서 '긍정적'이라는 단어를 자주 쓰는 것에 거부감을 느끼는 독자가 있을지도 모르겠다. 그들은 이렇게 반문할 것 같다.

"긍정적인 말에 돈이 따른다면 목사나 스님들에게도 돈이 따라야 하는 것 아닙니까?"

물론 맞는 이야기다. 하지만 목사나 스님들이 하는 긍정적 말과 부자들이 하는 긍정적 말에는 근본적인 차이가 있다. 바로 돈에 대한 관점의 차이다. 목사나 스님들은 돈에 대해 근본적으로 긍정적 관점을 갖지 않는다. 돈이야말로 욕심을 불러일으키는 근본원인이라 생각하기 때문이다. 그래서 목사나 스님들은 부자가 하는 긍정적 말 중 다음과 같은 말들은 절대 하지 않는다.

– 어디 투자할 데 있을까요?
– 돈은 소중한 것이니까요.
– 경기가 안 좋을 때가 바로 기회죠!

돈에 대해 부정적 에너지를 보내는데 돈이 따를 리 만무하다. 하지만 목사나 스님 중에서도 대형 교회나 대형 사찰로 돈을 많이 번 사람들의 경우 돈에 대한 관점이 보통의 목사나 스님들과는 달랐을 것이 분명하다.

돈에 대한 부자들의 관점은 목사나 스님과 180도 다르다. 그들은 돈이야말로 가장 소중한 것 중 하나라 생각하며 그래서 돈을 아끼고 사랑한다. 그렇게 돈에 대하여 긍정적 에너지를 보내니 돈이 따르는 것은 당연하다.

그렇다면 부자들의 말 습관에서 어떤 긍정 에너지를 배워야 할까?

다음의 말은 자신의 겸손함을 표함으로써 상대에게 좋은 영향을 줄 수 있다.

- 운이 좋네요!

다음의 말들은 자신의 긍정적 태도를 드러내어 상대에게 긍정적 에너지를 전달할 수 있다.

- 나도 꽤 괜찮은 사람입니다.
- 한 번 해볼게요.
- 잘 할 수 있을 것 같습니다.
- 잘 될 겁니다.
- 시간을 내보겠습니다.

다음의 말은 상대를 무시하지 않고 존중의 뜻을 표함으로써 상대에게 좋은 영향을 줄 수 있다.

- 당신의 생각을 알고 싶어요.
- 그 방식도 꽤 괜찮아 보입니다.
- 그 사장님 존경합니다.

다음의 말들은 돈에 대한 애정을 표함으로써 돈에 긍정적 에너지를 보낼 수 있다.

- 어디 투자할 데 있을까요?
- 돈은 소중한 것이니까요.

다음의 말들은 환경 탓을 하지 않고 스스로 문제를 해결하려 함으로써 좋은 에너지를 전달할 수 있다.

- 경기가 안 좋을 때가 바로 기회죠!
- 정치 탓할 필요 없어요.
- 그 일이 될 수 있는 방법을 찾아보아요.
- 바쁘긴 한데 시간을 내보죠.
- 이유가 있겠죠!
- 어디 문제가 있는지 살펴봐야겠습니다.

다음의 말들은 상대의 단점까지 존중해 줌으로써 상대에게 좋은 에너지를 전달할 수 있다.

– 보기가 아주 좋습니다.

– 작은 고추가 매운 법이죠.

– 참 개성이 넘칩니다.

핵심마인드맵

Talk episode 2 빈자들의 말버릇, 부자들의 말 습관

핵심 생각 습관 정리

1. 말버릇이 생기는 이유는 말을 아주 사소히 여겨 아무렇게나 쓰다 보니 나타난 결과이다.
2. 실패한 사람들이 주로 하는 말에는 80%가 부정적 의미를 담고 있다.
3. 부자들은 부정적 말의 비율보다 긍정적 말의 비율이 더 높다. 반면 보통 사람들이나 빈자들은 부정적 말의 비율이 훨씬 높다.

나의 대안

1. 돈의 본질은 긍정 에너지임을 잊지 마라. 즉, 긍정 에너지가 많은 곳에 돈이 이끌려온다.
2. 내가 부정적 에너지가 담긴 말을 쏟아낼 때 절대 돈은 나를 따르지 않는다.

Episode 3

돈이 따르는 말 습관
기르기 3단계

돈의 존재 목적

나는 이 책에서 보통 자기계발서 책에서는 잘 쓰지 않는 '에너지'란 단어를 많이 사용하고 있다. 본인 스스로가 과학 전공인 탓(?)도 있겠지만, 과학이라면 모든 것을 믿는 시대라 독자들에게 더욱 더 큰 믿음(?)을 주기 위한 뜻도 있기 때문이다.

나는 다시 에너지란 단어를 쓴다. 바로 돈에도 에너지가 있기 때문이다. 에이 돈에 무슨 에너지가 있어, 라고 하겠지만 앞에서도 이야기했듯 우주에 존재하는 모든 물질에는 에너지가 존재하는 법이다. 그것은 아인슈타인의 다음 공식으로 증명할 수 있다.

$$E=mc^2$$

이것은 유명한 아인슈타인의 상대성 이론에 등장하는 공식으로 E는 에너지(Energy), m은 물질(material)을 뜻한다. 아인슈타인은 어떤 조건에서 모든 물질은 에너지로 전환될 수 있으며 역으로 에너지 또한 물질로 변환될 수 있음을 역설했다. 이는 물질은 곧 에너지를 갖고 있음을 증명한다.

모든 물질이 에너지를 갖고 있다면 당연히 돈도 에너지를 갖고 있을 것이 분명하다. 그런데 돈에는 물질 에너지만 있는 것이 아니라 앞에서도 이야기했던 무형 에너지까지 담겨 있다. 천 원짜리 지폐에는 천 원의 가치를 뜻하는 무형의 에너지가, 만 원짜리 지폐에는 만 원의 가치를 뜻하는 무형의 에너지가 담겨 있는 것이다.

돈이 무형의 에너지를 갖고 있다는 뜻은 돈 역시 뜻에도 반응할 수 있음을 시사한다. 그렇다면 돈은 어떤 뜻에 반응할까? 세상의 모든 물질이 자연의 법칙에 반응하듯이 돈 역시 자연의 법칙에 반응한다. 돈에게 원하는 자연의 법칙이란 '바르게 잘 쓰이기 위함'에 있다. 우주의 모든 물질에 담긴 자연의 법칙은 그 물질의 본질에 맞게 잘 쓰이기 위해 존재하기 때문이다. 돈 역시 '바르게 잘 쓰이기 위한' 본질에 맞게 존재한다.

사물의 본질에 관한 이야기는 돈의 본질에 대한 이해에 있어 매우 중요하므로 좀 더 깊은 이야기를 해 보겠다.

실존주의 철학자 샤르트르(Chartres)는 세상의 사물들이 존재하는 이유에 대해 보다 논리적인 주장을 펼쳤다. 다음 철학 공식을 보라.

존재 = 본질 + 실존

여기서 존재란 존재하는 목적을 포함한 사물의 존재를 뜻한다. 본질이란 그 사물이 존재하는 본질적 이유를 뜻하며, 실존이란 사물의 실재 존재 그 자체만을 뜻한다. 이를 풀이해 보면 다음과 같다.

'사물이 존재하는 이유(존재)는 그 사물이 존재하기 위한 본질적 이유가 있기 때문이며 그래서 그 사물에 세상에 실존하게 되었다.'

컵의 존재를 위 공식에 대입하면, 세상에 컵이 존재하는 목적은 물이나 액체를 담기 위한 목적(본질)으로 컵(실존)이란 사물이 탄생하게 되었다 할 수 있다. 마찬가지로 펜이 존재하는 목적은 글을 쓰기 위한 목적(본질)으로 펜(실존)이 탄생한 것이다.

이제 샤르트르의 공식에 돈을 대입해 보자. 돈이 존재하는 목적은 무엇일까? 이에 대하여 〈걱정도 습관이다〉를 쓴 최명기 정신과 전문의는 다음 3단계의 과정으로 돈의 의미에 대해 주장한다.

1단계 : 생존을 위한 도구로서 존재한다.
2단계 : 욕망을 충족하기 위해서 존재한다.
3단계 : 돈 자체가 목적이 되어 돈이 나를 지배한다.

아마도 현 세태의 돈에 대한 관념을 아주 잘 분석한 것으로 보인다. 돈의 목적을 1, 2단계로 보았을 때 결국 돈에 지배당할 수밖에 없는 3단계의 과정을 거친다는 이야기다. 그런데 과연 이게 돈의 존재 목적일까? 어떤 사물의 존재 목적은 그 사물을 만든 이가 가장 잘 알고 있다. 돈은 분명 인간이 만들었다. 그런데 위와 같은 돈의 의미로 볼 때 결국 돈이 인간을 지배하는 단계로 가버린다. 과연 인간이 돈에 지배당하려고 돈을 만들었을까? 이는 심각한 오류에 빠지는 논리다.

따라서 이는 일시적 수단으로서 돈의 의미이지 진정한 목적으로서 돈의 의미라 할 수 없다. 그렇다면 과연 인간이 돈을 만든 목적은 무엇일까?

이를 교과서적인 지식만으로 풀려하면 진짜 답을 구하기 힘들다. 교과서에는 단지 물물교환을 편리하게 하기 위해 돈이 만들어졌다는 설명뿐이기 때문이다.

돈이란 모든 물건의 가치를 대변하는 것이므로 돈의 존재 목적은 다시 세상의 모든 물건들의 존재 목적으로 대변될 수 있다. 세상 모든 물건들의 존재 목적은 결국 잘 쓰이기 위함이다. 이때 잘 쓰인다 함은 그냥 잘 쓰이기 위함이 아니라 그 물건들의 존재 목적에 맞게 잘 쓰여서 인간을 이롭게 하기 위함이다. 생존을 위하거나 욕망을 채우기 위한 것은 단지 수단으로써 돈의 의미일 뿐이지 목적이 될 수 없다.

이러한 지식을 바탕으로 내가 내린 돈의 존재 목적은 '바르게 잘 쓰여 인간을 이롭게 하기 위함'에 있다고 생각한다. 이렇게 될 때 비로소 돈은 인간을 지배하는 존재가 아니라 인간을 따르며 인간을 이롭게 하는 존재로 완성될 수 있기 때문이다.

이제 이러한 돈의 존재 목적을 가지고 다시 샤르트르의 공식에 대입해 보자.

'돈의 존재 목적은 세상에 유익하도록 바르게 잘 쓰이기 위해 (본질) 이 세상에 존재하고(실존) 있는 것이다.'

이것이 바로 돈에 담긴 무형 에너지가 담고 있는 최상의 뜻이다.

기억해야 할 것은 돈이 가진 무형 에너지의 본질은 '인간을 이롭게 하는 데 잘 쓰이고자 하는 긍정 에너지' 이다. 돈 = 욕심이라는 등식은 돈에 대한 왜곡된 시선에서 나온 돈의 겉모습일 뿐이다. 돈의 속 모습이 가진 본질은 욕심이 아니라 오히려 '사랑' 에 더 가깝다. 인간을 이롭게 하는 것이 곧 사랑이기 때문이다.

어떤 사람들은 욕심 많은 사람이 돈을 더 잘 벌지 않느냐, 라고 반문할 수도 있겠다. 당연히 돈에 욕심이 없는 사람보다 돈에 욕심을 부리는 사람에게 돈이 더 잘 벌린다. 하지만 명심할 것이 있다. 이때 돈은 그 사람이 돈을 더 잘 사용할 수 있을 것 같아 일시적으로 움직이는 것뿐이라는 사실이다.

돈이 모여 부자가 됐는데도 돈을 바르게 잘 사용하지 않으면 결국 돈은 그 부자를 떠나게 되어 있다. 그래서 부자 3대 못 간다는 말도 나온 것이다. 반면 모범적인 부자로 손꼽히는 경주 최부자는 돈을 바르게 잘 사용하는 가훈이 있었기에 300년 이상을 부자로 이어져 올 수 있었다.

그렇다면 말의 존재 목적은?

앞에서 말 역시 무형 에너지의 뜻을 담고 있다고 했었다. 그렇다면 말이 가진 본질의 뜻은 무엇일까? 이 역시 샤르트르의 공식에 대입해 살펴보도록 하자.

말이 존재하는 이유는 의사소통이 가장 큰 목적이었을 것이다. 서로 의사를 교환하기 위해 최초의 말이 탄생했을 것이고 이것이 글로까지 발전했을 것이다. 그렇다면 말은 단지 의사소통을 위해서만 존재할까?

이상한 것은 세상에 존재하는 모든 것은 자연의 법칙에 순응했을 때 가장 빛나고 역행했을 때 그 존재가치를 잃어버린 채 타락한다. 이 자연의 법칙에 순응하는 것이 이 세상에 존재하는 모든 것의 본질적 목적이다.

예를 들어 컵은 물을 담을 때 그 가치가 가장 빛나나 연필꽂이로 전락하는 순간 그 가치가 퇴색되고 만다. 마찬가지로 말 역시 상대를 이롭게 하는 좋은 말을 사용했을 때 그 존재가치가 빛나나 상대를 비하하거나 상처 주는 말을 했을 때 그 가치는 나락으로 떨어지고 만다. 말의 존재 목적이 단지 의사소통이라고 했을 때는 좋은 말, 나쁜 말이 모두 포함되므로 이는 자연의 법칙에 순응하는 말의 존재 목적이 될 수 없다.

말의 진정한 존재 목적은 바로 세상을 이롭게 하기 위해 좋은 말로 사용되는 것에 있다. 그때 말이 가장 빛나기 때문이다. 그런데 이 목적이 어느 순간부터 인간의 본능과 욕망으로 인해 퇴색하면서 물 밑으로 숨어버린 것이다.

말의 존재 목적이 세상을 이롭게 하기 위해 좋은 말로 사용되는 것이란 증거는 얼마든지 찾을 수 있다. 이런 목적으로 말을 사용하는 사람들이 대부분 성공의 자리에 가 있으며 좋은 위치에 가 있기 때문이다.

권모술수와 편법에 능한 자들이 성공의 위치에 간다는 말은 속임수다. 일시적 눈속임을 위해 그런 일이 일어나는 것처럼 보일 뿐이다. 그렇게 성공의 자리에 올라간 사람들은 얼마 지나지 않아 패가망신으로 그 자리에서 내려와야 하기 때문이다. 우리는 이런 현상들을 오늘 뉴스에서도 무수히 보고 있지 않은가.

이제 말의 존재 목적이 분명해졌다면 이를 샤르트르의 공식에 대입하여 다음과 같은 결론을 얻을 수 있다.

'말은 세상을 이롭게 하기 위한 좋은 말로 사용되기 위해 실존하고 있다.'

돈이 따르는 말, 돈이 떠나가는 말

돈의 존재 목적은 세상에 유익하도록 바르게 잘 쓰이기 위함이라 했다. 그리고 말의 존재 목적은 세상을 이롭게 하기 위한 좋은 말로 사용되기 위함이라 했다. 돈과 말의 상관관계에 주목하라. 둘 사이에 뭔가 일치하는 것이 보일 것이다. 그렇다. 돈과 말의 존재 목적이 모두 세상을 이롭게 하기 위해 존재한다. 이런 목적의 일치로 인해 돈과 말은 매우 긴밀한 관계를 맺게 된다. 즉, 말이 가지는 무형 에너지와 돈이 가지는 무형 에너지가 서로 교류하는 것이다.

돈의 존재 목적에 맞는 말을 할 때 당연히 돈은 말을 따르게 되어 있다. 마찬가지로 말의 존재 목적에 맞는 말을 할 때에도 돈은 따르게 되어 있다. 돈과 말의 존재 목적이 일치하기 때문이다. 이것은 거스를 수 없이 자연의 법칙에 따라 움직이는 과학적 결과임을 주목하라.

이 때문에 돈을 따르게 하는 말이 있고 돈이 떨어져 나가게 하는 말이 따로 있게 된다. 세상이나 인간을 이롭게 하는 모든 말은 돈이 따라오게 하는 말이다. 반대로 세상이나 인간을 해롭게 하는 모든 말은 돈이 떠나가는 말이다.

세상이나 인간을 이롭게 하는 말에는 다음과 같은 것들이 있다. 이런 말들은 돈의 무형 에너지를 움직여 돈이 따라오게 하는 힘을 내뿜는다.

- 사랑해요.
- 고마워요.

– 참 좋네요.

– 잘 될 겁니다.

– 힘 내세요.

– 용기를 내야지.

– 다시 일어서야죠.

– 할 수 있습니다.

– 분명 이유가 있을 겁니다.

– 이렇게 하는 건 어떤가요?

세상이나 인간을 해롭게 하는 말에는 다음과 같은 것들이 있다. 이런 말들은 돈의 무형 에너지를 움직여 돈을 떠나가게 하는 힘을 내뿜는다.

– 얄미워 죽겠어.

– 불만이야.

– 최악이다.

– 잘 되기는 힘들어.

– 힘 빠진다.

– 포기하는 게 나아.

– 나는 불가능해.

– 죽일 놈.

– 내 방식대로 해야 돼!

– 아! 절망적이다.

– 불안해 죽겠어.

돈이 따르는 말 습관 기르기 3단계

이제 여기에서는 돈이 따르는 말 습관을 기르는 방법에 대해 살펴보기로 하자. 돈은 돈의 존재 목적에 가장 알맞은 말을 할 때 따라오게 돼 있다. 이 말을 숙지하고 매일 아침에 일어날 때와 밤에 잘 때 외치고 자면 분명 큰 도움이 될 것이다.

첫 번째 단계에서 연습해야 할 말은, 나는 돈을 쫓는 노예가 되지 않는다, 이다.

대부분의 사람들은 돈의 존재 목적을 망각한 채 돈을 쫓으며 살기에 돈의 노예로 살아간다. 그래서 돈을 벌기 위해 온갖 노력과 수단을 아끼지 않는다. 특히 우리나라 사람들을 보면 가슴이 애잔할 정도다. 당신은 혹시 새벽 시간에 밖에 나가본 적이 있는가?

새벽 5시만 되면 이미 도로에는 차들이 쫙 깔린다. 당신은 혹 자정이 넘은 시간에 전철을 타 본 적이 있는가? 신도림행 2호선을 타보면 만원 전철에 사람들이 끼어죽을 지경까지 이른다. 이처럼 우리나라 사람들 중에는 새벽부터 자정까지 일에 파묻혀 사는 이들이 즐비하다. 모두가 그놈의 돈을 벌기 위해서다. 그런데 아무리 노력해도 돈의 노예에서 벗어날 수가 없다. 오늘도 돈 걱정을 하는 신세에서 벗어날 수가 없다.

당신은 이런 일이 단지 몇몇 빈자에게서만 일어나는 일이라 착각하기 쉽다. 하지만 억대 연봉자까지 돈 걱정에서 벗어나지 못하고 있다는 사실을 알면 소스라치게 놀랄 것이다. 마인드가 바뀌지 않는다면 수입이 늘 때 지출도 느는 게 인간의 속성이다. 그래서 명색이 억대 연봉자이나 그들도 늘 돈에 허덕이는 것은 마찬가지다. 대출이자 걱정에, 자녀 교육비 걱정….

중산층 맞벌이 가정이라면 대부분 부부 연봉 합하여 억대가 넘거나 가깝게 된다. 그런데도 대부분 이들 가정 역시 돈의 노예로 살아간다. 우리 가정이 그 증거다. 우리 집도 부부연봉 합하여 이미 10년 전에 억대 가까이 됐으나 돈에 허덕이며 살았다.

우리 가정의 경우 많이 버는 만큼 자녀교육에 더 많은 돈을 쏟아 붓게 됐으며, 집 대출 이자도 만만치 않게 지출했다. 그리고 억대 연봉이더라도 그만큼 세금이 많이 나가기 때문에 실 수령액은 보통 사람들이 생각하는 것보다 훨씬 적기도 했다.

내가 돈의 노예에서 벗어나고자 한다면 먼저 마인드의 전환이 필요하다. 이 사슬을 끊는 첫 단계의 말이 바로 나는 돈을 쫓는 노예가 되지 않는다는 것이다. 물론 단지 이 말만을 되풀이하는 것이 아니라 앞에서 이야기했던 돈의 존재 목적을 상기하며 이 말 습관을 기르는 것이 중요하다. 마인드가 바뀌면 자연히 말 습관을 기르는 것은 식은 죽 먹기가 되기 때문이다.

두 번째 단계에서 연습해야 할 말은, 이제부터 나는 사람을 위해 일한다. 이다.

노예 사슬을 끊기 위해 이 말은 매우 중요하다. 왜냐하면 돈은 사람을 위해 존재하지 사람 위에 존재하는 것이 아니기 때문이다. 그런데도 돈의 노예로 살아간다면 이처럼 어리석은 일이 없다. 따라서 그동안 돈의 노예로 살아왔다면 이제부터 나는 이 노예 사슬을 끊기 위해 돈보다 위에 있는 사람을 위해 일한다는 선포를 해야 한다.

이것이야말로 돈의 노예 사슬을 끊는 가장 강력한 힘이 되기 때문이다. 나아가 돈의 존재 목적에 가장 부합하는 말이기 때문이다. 내가 이 말을 입에 달고 산다면 그때부터 돈의 무형 에너지는 내 뜻을 받아들인다. 그리고 자신의 방향을 내 쪽으로 틀게 된다.

이때에도 주의해야 할 것은, 내 뜻은 딴 데 있으면서 이러한 말만 되풀이하지 않아야 한다는 사실이다. 물론 그동안 돈을 위해 살아왔던 사람들이 어느 날 갑자기 사람을 위해 사는 마인드로 전환하는 것은 매우 어렵다.

이 책의 장황한 이론들은 바로 이 때문에 존재한다. 이 책의 이론들을 되풀이해 읽다 보면 어느새 내 마인드가 조금씩 바뀜을 느낄 수 있다. 물론 완벽한 것은 없다. 인간은 기본적으로 이기적인 동물의 본능을 갖고 있기에 완전히 타인을 위해 일한다는 개념을 갖기 어렵다는 이야기다. 이 부분에 있어서는 나 역시 마찬가지다. 이때 7부 고지만 넘으면 된다는 마음으로 임하는 것이 좋다. 내 이기심보다 이타심이 더 많아지면 된다. 그때 비로소 나 자신을 위하는 것보다 타인을 위하는 것이 더 큰 기쁨임을 알게 되며 비로소 돈보다 사람을 위하여 일하는 마음이 생긴다.

마지막 세 번째 단계에서 연습해야 할 말은, 이제부터 나는 사람을 이롭게 하기 위해 일한다, 이다.

단지 사람을 위해 일하는 것은 역효과를 불러일으킬 수 있다. 예를 들면 사회복지사들의 경우가 그렇다. 사회복지사란 직업만큼 사람을 위해 일하는 직업도 없다. 그들은 돈보다 사회의 어려운 사람을 위해 일한다는 사명감이 크기 때문이다.

그런데 이상하게도 사회복지사들은 사람을 위해 일하는 데도 왜 돈이 따르지 않을까? 물론 사회복지사 중에도 막대한 후원금이 들어오는 등 돈이 따르는 사람들도 있으니 그들은 예외로 하겠다. 여기에서 언급하는 사회복지사는 사회복지사들 중 돈에 쪼들리는 사람들이 대상임을 인지하고 이 글을 읽어주기 바란다.

사회복지사가 사람을 위해 일함에도 돈이 따르지 않는다면 이는 '이롭게 한다'라는 말을 빠트렸기 때문이라 생각한다. 여기서 '이롭게 한다'라는 동사를 주목하라. 배고픈 사람에게 빵 한 조각을 주면 이는 그 사람을 이롭게 한 것일까? 지금까지의 사회 통념상으로는 그렇다고 생각할 것이다. 하지만 한 장만 더 들추어 들어가 보면 상황이 180도 달라진다.

만약 그가 지금 당장 빵을 먹지 않으면 오늘 내일 죽을지도 모르는 사람이라면 빵 한 조각은 분명 그를 이롭게 한 것이 된다. 하지만 매일 빌어먹는 거지라면 빵 한 조각은 독이 된다. 왜냐하면 내가 그 거지에게 빵 한 조각을 주는 순간 그 거지는 거지 생활에서 벗어날 수 없는 인간이 되기 때문이다.

거지나 노숙자들이 그 생활에서 벗어날 수 없는 까닭은 사회복지라는 이름으로 누군가가 매일 그들에게 밥을 주기 때문이다. 만약 거지나 노숙자가 정말로 밥을 못 먹어 죽을 수밖에 없는 직업이라면 누가 거지가 되려 하고 노숙자가 되려 하겠는가.

이제 빵 한 조각이 왜 배고픈 자를 이롭게 하는 행동이 아니라고 하는지 이해가 되는가. 어쩌면 빵 한 조각은 그들을 더욱 수렁에 빠트리는 독이 될 수도 있다. 더욱이 빵 한 조각의 이야기는 오늘날 사회복지라는 이름으로 행해지고 있는 대부분의 활동들에 그대로 적용된다는 데 더 큰 문제가 있다.

지금 행해지는 대부분의 복지는 그들을 이롭게 하는 복지가 아니라 그들을 그 생활에서 헤어 나올 수 없게 돕는 복지일 가능성이 높기 때문이다. 이는 오늘날 복지 수급자가 날이 갈수록 점점 늘어간다는 데서 충분히 증거를 찾을 수 있다.

다시 앞으로 돌아가 오늘날 사회복지사들의 이타적 행위가 사람을 위한 행위였던 것은 분명하나 그것이 사람을 이롭게 하는 데까지 나아가지 못했다는 데 문제가 있다. 이로 인해 사회복지사들은 사람을 위해 일했음에도 돈이 그들을 따라오지 않았다.

이제부터 왜 사람을 이롭게 하는 일을 할 때 돈이 따르는지 그 원리를 설명해 보겠다.

여기에 사람을 이롭게 하려고 직장에 다니는 A와 돈을 벌기 위해 직장에 다니는 B가 있다. A와 B는 한 직장 내 경쟁 부서에 근무하고 있다. A는 삶의 목표가 사람을 이롭게 하는 데 있기에 동료 직원은 물론 상사들까지 존중해 주며 최대한 그들이 잘 될 수 있도록 최선을 다한다. 또한 이 회사는 책을 만들어내는 출판사인데 A는 이 책을 읽는 사람들이 잘 될 수 있도록 좋은 책을 만들어내기 위해 모든 노력을 기울이며 야근도 마다하지 않는다.

반면 B는 돈을 버는 것이 목표이기 때문에 인간관계에 대해서는 본능적으로 반응한다. 동료들은 자신의 성격대로 대하고 상사들에게는 억지로 허리를 굽힌다. 책을 만드는 일에 대해서도 잘 만들기 위해 노력은 하지만 회사에서 정해진 룰 이상의 행동을 취하지는 않는다. 그런다고 월급을 더 많이 주는 것은 아니기 때문이다.

당신은 A와 B 중 누가 더 사람들에게 인정받으며 누가 더 좋은 책을 만들어낼 수 있다고 생각하는가? 당연히 A를 선택하는 사람들이 많다. A가 B보다 사람들을 대하거나 책을 만드는 데 있어 더 진정성이 있고 더 많이 노력하기 때문이다.

이제 A와 B가 만들어낸 책 중 어느 것이 더 잘 팔릴지에 대해 생각해 보자. 당연히 독자들은 A의 책을 더 선호할 수밖에 없다. A는 정말 독자들을 위해 독자들의 입장에서 책을 만들었기 때문이다. 물론 처음에는 A와 B의 차이가 크지 않을 수 있다. 하지만 시간이 점점 지날수록 A와 B의 격차는 커질 수밖에 없다. 이런 논리로 보면 결국 돈은 돈을 위해 일했던 B보다 A가 더 많이 벌게 되는 결론에 도달한다.

A가 B보다 돈을 더 많이 벌게 된 근본적 이유는 A가 돈의 본질적 목적에 충실했기 때문이라 할 수 있다. 그래서 돈의 무형 에너지가 움직여 A를 따르게 된 것.

　　이제 당신은 '나는 사람을 이롭게 하기 위해 일한다'는 말의 위력을 알겠는가. 그렇다면 이 말 역시 입에 달고 살아보라. 만약 이 말이 당신의 말 습관이 될 수 있다면 분명 돈이 따르기 시작할 것이다. 나아가 당신의 인생관에도 지대한 영향을 미칠 것이다.

　　물론 이 말의 뜻에 내 마음이 동의하기까지는 시간이 필요하다. 그동안 이와는 정반대편의 삶을 살아왔기 때문이다. 돈이 따르는 말 습관을 3단계로 나눈 이유도 여기에 있다. 그동안 돈을 위해 살아왔던 나의 관점을 하루아침에 사람 중심으로 옮길 수 없기에 3단계의 텀을 두어 이야기했다. 다시 한 번 돈이 따르는 말 3단계를 상기해 보자.

　　– 나는 돈을 쫓는 노예가 되지 않는다.
　　– 나는 사람을 위해 일한다.
　　– 나는 사람을 이롭게 하기 위해 일한다.

　　이 말을 써서 벽에 붙여두고 아침, 저녁으로 뇌새김하도록 해보라. 그리고 내 마음이 이 말에 동의하도록 이와 관련된 지식 공부에 매진해 보라. 이 책의 내용이 될 수도 있고, 인터넷과 유튜브 등에 관련된 지식이 무궁무진하게 펼쳐져 있으니 도움이 될 수 있다. 그러면 비록 느릴지라도 서서히 당신을 향해 돈들이 움직이기 시작할 것이다.

핵심마인드맵

Talk episode 3 돈이 따르는 말 습관 기르기 3단계

핵심 생각 습관 정리

1. 나는 돈을 쫓는 노예가 되지 않는다.
2. 나는 사람을 위해 일한다.
3. 나는 사람을 이롭게 하기 위해 일한다.

나의 대안

1. 돈은 사람을 위해 존재하지 사람 위에 존재하는 것이 아니다.
2. 마인드가 바뀌면 자연히 말 습관을 기르는 것은 식은 죽 먹기가 된다.

Episode 4

돈을 잘 버는 데에는 말과 상이 있다

관상 말고, 성상을 아는가

"머리는 하늘이니 높고 둥글어야 하고

눈은 해와 달이니 맑고 빛나야 하며

이마와 코는 산악이니 보기 좋게 솟아야 하고

머리카락과 수염은 나무와 풀이니 맑고 수려해야 한다.

이렇듯 사람의 얼굴에는

자연의 이치 그대로 세상 삼라만상이 모두 담겨져 있으니

그 자체로 우주이다."

2013년을 강타한 영화 〈관상〉의 주인공 내경의 대사 중 한 대
목이다. 좋은 것은 바람을 불러일으키는 법, 이후 대한민국에 관

상 열풍이 불었다.

당신은 관상을 얼마나 믿는가? 현대과학의 신봉자라면 관상 따위 미신 정도로 치부할 터다. 하지만 부자를 한 줄로 쫙 세워놓고 관상을 보면 분명 공통점이 있다. 마찬가지로 빈자를 한 줄로 쫙 세워놓고 관상을 봐도 마찬가지다. 이 정도 확률이라면 관상을 미신으로 치부해 버리는 것보다 왜 이런 현상이 일어나는지 과학적으로 분석하는 자세가 더 지혜로운 접근일 것이다.

과학은 아니더라도 최소한 수학의 원리로 볼 때 확률이 높다면 그건 분명 이유가 있기 때문이다. 나 역시 관상을 그저 미신으로 치부했다가 이런 확률의 신비함에 빠져들어 관상학을 공부해 본 결과 그 속에 논리성과 과학성이 있음을 발견하고는 깜짝 놀라기도 했었다. 더욱이 처음에는 관상이 인생을 이끌지만 인생이 관상을 바꾸기도 한다는 점에서 관상학의 우수함을 발견하기도 했다. 즉, 관상이 팔자를 결정할 수도 있지만 내 노력 여하에 따라서는 운명을 개척하는 대상이 될 수도 있다는 이야기다.

어쨌든 내가 여기에서 관상 이야기를 꺼낸 이유는 한 사람의 운명이 관상으로만 결정되는 것은 아니란 이야기를 하고 싶었기 때문이다. 당신은 오상이란 말을 들어봤는가. 사람에게는 관상만 있는 게 아니라 4가지 상이 더 있다. 이를 합하여 오상이라 한다.

오상에는 관상을 포함하여 성상, 체상, 동상, 심상이 있다. 성상이란 목소리의 상이요, 체상이란 몸의 상이다. 동상이란 걷는 상이며 심상이란 마음의 상이다. 인간의 팔자를 결정하는 데 이 오상이 다 중요한데 사람들은 그 중 얼굴에만 가장 관심이 많아 관상만 대중화되어 있는 것이다.

물론 사람의 몸 중 얼굴이 가장 중심이므로 관상이 중요하지만 나는 심상이 더 중요하다고 생각한다. 심상에 따라 그의 운명이 결정지어진다고 생각하기 때문이다. 심상에 따라 생각과 말이 나오며 이때 성상도 결정되어진다.

또 심상은 기질과 성격이 담겨 있으므로 체상과 동상에도 영향을 미친다. 뿐만 아니라 아마도 관상은 심상의 영향을 가장 많이 받는 곳이 아닐까, 생각한다. 그래서 심상이 가장 중요하다는 것이다.

우리가 말과 관련하여 오상에서 발견할 수 있는 것은 성상이다. 성상은 단지 입에서 나오는 목소리만을 뜻하지 않으며 목소리에 담은 뜻까지 포함한다. 목소리는 좋은데 저질스런 뜻이 담긴 말이 튀어나온다면 성상이 좋다고 할 수 없기 때문이다.

부자가 되고자 하는 말 습관을 기르려 할 때 단지 부자가 하는 말의 종류만 앵무새처럼 따라한다고 될 일이 아니다. 목소리, 뜻 등이 모두 담긴 성상에 신경 써야 한다. 실제 성상이 좋은 사람들이 부자들에게도 많으며 사회적 위치도 높은 곳에 올라가 있는 사람들이 많다. 무엇보다 성상이 좋으면 본인이 자신감을 갖게 될 뿐만 아니라 다른 사람들에게도 좋은 영향을 끼치므로 그런 결과가 생기는 것이다.

좋은 성상이란 목소리가 맑고 은은하며 발음이 부드럽고 정확하다. 또 그 말이 천해 보이지 않고 예를 갖추고 있으며 상대를 깊이 배려하고 존중해줄 줄 안다. 이런 성상을 가진 사람이 있다고 생각해 보라. 사람들이 따르지 않을 수 없으며 사람들에게 좋은 영향을 주지 않겠는가. 이는 돈의 존재 목적과 일맥상통하므로 이런 사람들에게 돈이 따르는 것은 당연지사다.

이 때문에 부자들의 사소한 말 습관을 따라하고 싶다면 먼저 성상을 기르는 연습부터 해야 한다고 생각한다. 이게 기본이기 때문이다.

좋은 성상이 돈을 부른다

그렇다면 어떻게 성상을 기를 수 있을까? 먼저 중요한 것이 목소리다. 만약 자신의 목소리가 좋다는 말을 들어보지 못했거나 스스로 목소리에 대한 열등감이 있다면 당장 목소리 훈련부터 시작해 보라. 어쩌면 그 목소리에 대한 열등감이 당신을 옥죄어 성격도 어둡게 만들었을 뿐 아니라 인간관계에도 자신감을 떨어지게 하는 주범이었을 것이다. 당연히 이런 자세로 부자가 될 수는 없다.

자신의 목소리에 열등감을 가진 한 여자가 있었다. 그녀는 아나운서가 되고 싶었지만 이런 목소리로는 불가능하다는 사실을 잘 알고 있었다. 자신감은 점점 떨어졌고 말수도 차차 줄어들었다. 성격마저 어두워져 방에 틀어박혀 지냈다. 하루는 너무 오랫동안 방에 틀어박혀 지냈다는 생각이 들어 모처럼 밖에 나왔는데 깜짝 놀란다. 마지막으로 밖에 나왔을 때 여름이었기에 반팔 티를 입고 있었는데 지금 바깥에는 매서운 찬바람이 뺨을 에이는 겨울이 성큼 다가와 있었기 때문이었다.

이 이야기는 내가 언젠가 들었던 보이스 트레이닝 박은주 강사의 에피소드다. 그녀는 단아한 외모에 목소리의 울림이 아주 매력적인 여자였는데 과거에는 이런 목소리가 아니었다는 것이다. 어떻게 목소리가 바뀌는 것이 가능할까 싶어 그녀의 강의에 시선을 집중했는데, 그녀는 이후 정신을 차리고 아나운서 학원을 다니며 피나는 노력을 한 결과 지금과 같은 아름다운 목소리를 갖게 되었다는 것이다.

사람들은 목소리는 타고난 것이라 바뀔 수 없다고 생각하는데 스피치 훈련 세계에서는 변할 수 있다고 단호히 말한다. 실제 스피치 훈련을 받고 목소리가 변한 많은 사람들이 그 증거다. 또한 현재 활동하고 있는 수많은 아나운서와 성우들의 목소리가 원래 그렇게 좋았던 것이 아니라 훈련을 통하여 탄생한 경우가 대부분이라 한다.

그렇다면 어떻게 아름다운 목소리를 가꿀 수 있을까? 이에 대하여 유튜브에 '스피치 훈련'이란 검색어를 치면 수많은 고급강의를 만날 수 있다. 또 인터넷 검색창에 '목소리가 좋아지는 법'이란 검색어를 쳐도 좋은 정보를 많이 만날 수 있다.

여기에는 목소리가 좋아지는 간단한 원리를 소개하고자 한다.

먼저, 목소리가 어떻게 나는지 그 원리는 아는 것이 중요하다.

폐에서 공기가 나와 성대를 통과하면서 소리가 만들어지고 이것이 입으로 전달되면서 말이 형성되어 밖으로 나온다. 이때 중요한 것은 폐에서 공기를 올려주는 힘과 성대를 통과한 소리가 입으로 전달될 때 비강(코 뒤쪽에 있는 울림 공간)에서 울려주는 힘이다. 이 두 힘이 고르게 전달될 때 가장 아름다운 목소리가 나올 수 있다.

목소리가 좋지 않은 대부분의 사람들은 폐에서 공기를 올려주는 힘이 약하거나 비강이 울려주는 힘이 약한 경우다. 그래서 콧소리가 나거나 아기 같이 높고 가는 소리가 나거나 탁한 소리가 난다. 사람들이 가장 듣기 좋은 소리는 맑고 투명한 중저음이다.

폐에서 공기를 올려주는 힘을 연습하기 위해서는 복식호흡을 하는 것이 좋다. 복식호흡이란 숨을 쉴 때 천천히 배꼽 아래까지 들이마시고 다시 천천히 배꼽 아래부터 내쉬는 호흡을 말한다. 이것을 매일 아침, 저녁으로 생각날 때마다 해 주면 드디어 호흡에 힘이 실려 힘 있는 목소리가 나온다.

대부분 좋지 않은 목소리는 비강이 충분히 울려주지 못해 나타난다. 지금 자신이 내는 목소리가 목이나 코에서 나온다고 느끼면 이미 비강이 충분히 울려주지 못하는 상태라고 보면 된다. 비강에 힘을 주는 연습은 입을 닫고 "음~~~" 하는 소리를 내면서 비강의 울림을 계속 느껴보는 방법이 있다.

이때 비강의 울림을 제대로 받으면 소리가 머리까지 전달되는 느낌이 든다. 흔히 성악가들이 발성 연습을 할 때 두성을 내라 하는데 이것이 바로 비강의 울림을 충분히 울려주는 소리를 내라는 뜻과 유사하다. 비강이 제대로 울리는 목소리는 소리가 목이나 코에서 나오는 느낌이 아니라 코 위 머리 쪽에서 나오는 느낌이 난다.

이 두 가지 연습을 충분히 하는 것만으로도 어느 정도 좋은 목소리를 낼 수 있다. 하지만 이것만으로는 2% 부족하다. 좋은 목소리를 내기 위해서는 태도와 자세가 중요하기 때문이다.

말을 너무 사소하게 여기거나 함부로 하는 태도를 갖고서는 절대 좋은 목소리를 낼 수 없다. 그 가벼운 말 때문에 목소리도 함부로 내게 되어 있기 때문이다. 따라서 좋은 목소리를 내려면 말을 하는 자세도 바른 마음가짐의 태도를 가져야 한다.

뿐만 아니라 몸의 자세도 중요한데 예를 들어 구부정한 허리에 목도 축 내린 상태에서 좋은 목소리가 나올 수 없다. 허리를 쭉 펴고 목도 바르게 세운 자세에서 좋은 목소리가 나올 수 있다.

좋은 성상은 좋은 목소리만으로는 만들어지지 않는다. 앞에서도 이야기했듯 좋은 뜻을 많이 담은 저장고가 있어야 비로소 좋은 성상이 완성된다. 좋은 뜻을 많이 담은 저장고란 바로 좋은 지식을 뜻한다. 즉 좋은 목소리만으로는 사람에게 감동을 줄 수 없고 그 목소리에 어울리는 수준의 좋은 지식을 함께 쏟아낼 때 비로소 사람들에게 좋은 영향을 줄 수 있다.

따라서 좋은 성상을 기르기 위한 두 번째 단계는 성상에 좋은 지식을 담기 위해 노력하는 것이다. 이를 위해 양서를 읽을 수도 있고 좋은 강의를 들을 수도 있다. 무엇보다 내가 닮고 싶은 멘토를 정하여 그를 가까이 하면 자연히 좋은 지식을 많이 얻을 수 있다.

핵심마인드맵

Talk episode 4 부자들의 말에는 상이 있다

핵심 생각 습관 정리

1. 오상에는 관상을 포함하여 성상, 체상, 동상, 심상이 있다.
2. 성상은 단지 입에서 나오는 목소리만을 뜻하지 않으며 목소리에 담은 뜻까지 포함한다.
3. 성상이 좋은 사람들이 부자들에게도 많으며 사회적 위치도 높은 곳에 올라가 있는 사람들이 많다.

나의 대안

1. 말을 너무 사소하게 여기거나 함부로 하는 태도를 갖고서는 절대 좋은 목소리를 낼 수 없다.
2. 좋은 목소리를 내려면 말을 하는 자세도 바른 마음가짐의 태도를 가져야 한다.

돈을 벌기 위한
사소한 말 습관 훈련

말 습관, 훈련으로 충분히 바꿀 수 있다

대학시절 룸메이트 친구 중 아주 내성적인 녀석이 있었다. 평소 말이 거의 없고 그러다 보니 말주변이 능한 친구도 아니었다. 그 런데 대학 졸업 후 굴지의 D 보험회사에 당당히 취직하는 것이 아 닌가. 놀랍게도 그가 맡은 보직은 영업소 소장이었다. 나는 과연 저 말주변도 없고 내성적인 친구가 영업의 정글이라 불리는 곳에 서 견뎌낼 수 있을까, 심히 걱정되었다.

그렇게 1년, 2년… 무려 10년의 시간이 지나는 데도 친구는 여 전히 그 자리를 지키고 있었다. 그뿐 아니었다. 만날 때마다 친구 의 말투가 조금씩 변해간다는 것을 느꼈다. 달변가는 아니더라도 수십 명의 아줌마 보험 설계사들을 거느린 영업맨다운 어투였다.

그때 나는 속으로 '아! 자리가 말주변도 바꿀 수 있구나' 하는 것을 느꼈다. 실제 주변을 둘러보면 교수나 강사, 영업자들과 같이 말로 먹고 사는 사람들은 말을 조리 있게 참 잘한다. 반면 나처럼 글로 먹고 사는 작가들의 경우 대부분 말이 어눌한 편이다. 골방에 틀어박혀 글만 썼지 말 훈련이 잘 돼 있지 않기 때문이다. 이것은 무엇을 의미하는가? 곧 말은 훈련에 의해 바뀔 수 있음을 뜻한다.

대부분의 사람들은 말이 습관화돼 있다. 내 주변에 말끝마다 '솔직히'라는 표현을 꼭 넣는 사람이 있는데 그는 이게 습관화돼 있다. 그래서 그는 단 몇 분간 말하는 데도 '솔직히'라는 표현이 수십 군데 들어가 귀에 거슬린다. 그런데 이게 단지 이 사람만의 문제가 아니다. 어떤 사람은 부정확한 발음 습관 때문에 듣는 사람을 불편하게 하는가 하면 어떤 사람은 빠른 말 습관 때문에 듣는 사람을 곤혹스럽게 한다.

이런 말 습관들은 훈련을 통해 충분히 바꿀 수 있다. 그의 습관을 고쳐주는 가장 좋은 방법은 직설적으로 그의 말 습관에 대한 단점을 알려주는 것이다. 앞에서 '솔직히'라는 말 습관을 가진 사람에게 어느 날 조용히 그게 귀에 거슬린다는 이야기를 해 주었더니 깜짝 놀라는 것이 아닌가. 본인은 전혀 못 느끼고 있었다는 것이다. 이후 그는 '솔직히'라는 표현을 줄이기 위해 노력했다. 놀랍게도 지금은 그의 말에서 '솔직히'라는 단어를 찾아보기 힘들다.

이처럼 말 습관은 훈련을 통해 충분히 바꿀 수 있다. 이제 부자들의 사소한 말 습관 기르기 훈련에 대하여 살펴보자.

적두노 말 습관 훈련

이 책에서 습관 훈련은 앞에서도 이야기했던 '적두노'의 방법을 사용한다. 적고 그와 관련된 지식의 두께를 쌓아가며 반복적인 노력을 하는 것이다. 부자들의 말 습관 훈련도 이 과정을 그대로 따라하면 된다. 다음에 내가 따르고 싶은 부자들의 사소한 말 습관을 적어보자. 물론 욕심내지 말고 이 중 내가 정말 따르고 싶은 말 습관 2~3개를 집중적으로 훈련해 보는 것이 좋다.

따르고 싶은 말 습관 〈예〉

- 고마워요.
- 잘 될 겁니다.
- 할 수 있습니다.
- 이렇게 하는 건 어떤가요?

∴ 습관 실천표(월간 주간)

주차	구체적 계획
월간 목표	〈예〉 - 부자들의 말에 대한 깊은 지식 공부를 한다. - 부자들이 쓰는 말을 매일 3번 이상 소리 내어 외친다. - 부자들이 쓰는 말을 실제 생활에서 1번 이상 사용해 본다.
1주차 (일~ 일)	- 부자들의 말에 대한 깊은 지식 공부를 한다. - 부자들이 쓰는 말을 매일 3번 이상 소리 내어 외친다.
2주차 (일~ 일)	- 부자들의 말에 대한 깊은 지식 공부를 한다. - 부자들이 쓰는 말을 매일 3번 이상 소리 내어 외친다. - 부자들이 쓰는 말을 실제 생활에서 1번 이상 사용해 본다.

3주차 (일~ 일)	– 부자들의 말에 대한 깊은 지식 공부를 한다. – 부자들이 쓰는 말을 매일 3번 이상 소리 내어 외친다. – 부자들이 쓰는 말을 실제 생활에서 1번 이상 사용해 본다.
4주차 (일~ 일)	– 부자들의 말에 대한 깊은 지식 공부를 한다. – 부자들이 쓰는 말을 매일 3번 이상 소리 내어 외친다. – 부자들이 쓰는 말을 실제 생활에서 1번 이상 사용해 본다.
5주차 (일~ 일)	– 부자들의 말에 대한 깊은 지식 공부를 한다. – 부자들이 쓰는 말을 매일 3번 이상 소리 내어 외친다. – 부자들이 쓰는 말을 실제 생활에서 1번 이상 사용해 본다.

∴ 습관 실천표(일간)

날짜	구체적 목표 (하루에 말 습관과 관련된 행동 1개 이상 하기)	평가
1		
2		
3		
4		
5		
6		
7		
8		
9		
10		
11		
12		
13		
14		
15		
16		
17		
18		
19		
20		
21		

22		
23		
24		
25		
26		
27		
28		
29		
30		
31		

이렇게 만든 계획표는 눈에 잘 보이는 곳에 붙여두고 실천하는 것이 좋다. 시각적 효과가 동기부여에 도움을 주기 때문이다.

앞에서도 이야기했듯 이 말 습관 훈련을 하는 가장 단순한 방법은 지속적인 노력을 하는 것이다. 땀을 흘리며 노력할 때 비로소 습관이 자리 잡는다. 하지만 지속적 노력의 힘을 주는 바탕은 지식에 있음을 간과해서는 안 된다. 이 때문에 중간 과정 '두께'가 존재한다. 내가 따라하고 싶은 말이 주는 의미가 무엇인지 그 지식을 뿌리까지 파고 들어야 한다.

앞에서 이야기했듯 격물치지(格物致知)하는 것이다. 왜 뿌리까지 파고 들어야 하냐 하면 그래야 비로소 내 지식이 될 수 있기 때문이다. 내 지식이 된다는 뜻은 그 지식에 대한 나의 신뢰가 생김을 의미하며 그때 그 지식은 나의 가치관에 자리 잡아 스스로 그것을 할 수 있게 하는 힘을 던져준다. 그래서 나는 그렇게 하는 것이 좋아 그 행동을 할 수 있기 때문에 지속적인 노력은 이어갈 수 있다.

습관 기르기를 중도 포기하는 당신에게

사람들 중에는 끈기가 부족한 사람도 있고 인내가 부족한 사람, 절제가 부족한 사람도 있기에 지속적인 노력을 하여 좋은 습관을 기르는 것이 무척 어려운 사람들이 있다. 사실 얼마간 하다가 끝까지 못한 채 중도 포기하는 사람들이 대다수다. 이 때문에 오늘날 성공자들이 소수인 까닭도 여기에 있다.

나 역시 이런 중도 포기와 같은 실패의 과정을 수도 없이 겪었기에 무작정 포기하지 말고 열심히 노력하라는 말은 하고 싶지 않다. 사실 이 말이 얼마나 무책임한 말인지 절실히 알고 있기 때문이다.

그렇다면 어떻게 해야 부족한 나도 좋은 습관을 기를 수 있을까? 먼저 나 자신에 대한 철저한 이해가 필요하다. 나 자신을 모른 채 부정확한 느낌만으로 무작정 달려드니 백전백패한다.

나에 대한 이해를 위해 나에게 던질 수 있는 좋은 질문들은 다음과 같다.

---

① 나는 어떤 강점과 약점을 갖고 있는가?

② 나는 무엇을 좋아하고 무엇을 싫어하는가?

③ 진정 내가 하고 싶어 하는 일(꿈)은 무엇인가?

④ 이 꿈에 대한 나의 열정은 어느 정도인가?

⑤ 이를 위해 내가 개선해야 할 점은 무엇인가?

위 질문에 대한 답을 메모지에 한 번 적어보라. 그러면 내 강점과 약점, 좋아하는 것과 싫어하는 것, 꿈, 열정, 개선점 등이 숨김없이 드러난다.

다음으로 할 일은 이 모든 나의 요소들을 인정하고 받아들인다. 그리고 내가 정말 하고 싶은 일(꿈)이 내 강점이나 내가 좋아하는 것과 관련된 것인지 점검한다. 아마도 십중팔구는 관련된 일이다. 하지만 아주 극소수는 관련되지 않을 수도 있다. 이때에는 내 꿈을 다시 한 번 점검해 보는 것이 좋다.

한편 3의 질문에서 답이 막히는 사람도 있다. 일상생활에서는 좋아하거나 하고 싶은 일이 누구나 있다. 다만 '일'이라는 명제가 들어가면 갑자기 머리가 하얘진다. 이 때문에 실제 현실은 꿈이 있는 사람보다 꿈이 없는 사람이 더 많다.

만약 당신이 이 경우라면 사실 부자들의 말 습관 기르기를 권하고 싶지 않다. 왜냐하면 습관 기르기 훈련이란 마치 운동선수들의 고된 훈련과도 같아서 수많은 장애물을 넘어야 하기 때문이다.

그런데 꿈이란 동력이 없는 상태에서 이 훈련을 끝까지 버텨내는 것은 거의 불가능하다. 3의 질문에 대한 답이 막히는 사람들은 1의 질문으로 돌아가 자신이 강점을 가지는 일을 하는 것이 가장 좋다.

이제 3의 질문까지 답을 적은 사람이라도 넘어야 할 관문이 있다. 바로 4의 질문이다. 열정의 온도를 100℃로 했을 때 당신의 온도가 몇 ℃인지 체크해 보라. 만약 50℃ 미만이라면 아마도 당신 역시 습관 기르기에 어려움을 겪을 가능성이 높다. 꿈에 대한 열정의 온도를 50℃ 이상 끌어올려야 한다. 할 수 있다면 100℃의 펄펄 끓는 열정이라면 가장 좋다.

꿈에 대한 열정의 온도를 체크하는 간단한 방법이 있다. 그것은 일단 그 일을 저질러 보는 것이다. 내 꿈이 부자가 되는 것이라면 부자의 생각 습관, 말 습관 기르기를 무작정 따라해 보거나 부자가 되는 조직이나 강의를 쫓아다녀 본다.

그러면 거기에서 나의 꿈에 대한 열정의 온도가 바로 감지된다. 만약 열정의 온도가 뜨겁다면 나는 뒤나 옆도 보지 않고 앞을 향해 달려 나갈 것이다. 반대로 열정의 온도가 낮다면 자꾸 머뭇거리며 뒤나 옆을 볼 것이다. 어느 경우 이게 아닌가, 하는 마음에 그 일을 떠나고픈 마음까지 들 수도 있다. 이것으로 그 일에 대한 열정 온도를 쉽게 체크할 수 있다.

'나는 꼼수다'로 유명한 딴지일보의 김어준 총수는 주위 사람 눈치 보지 않고 하고 싶은 일은 일단 저질러 보기로 유명하다. 그는 중학생 때 팔레스타인 난민의 지도자이자 테러단체 두목이기도 했던 아라파트가 멋져 보였다. 그래서 그를 만나보고 싶다는 생각을 했다.

그는 하고 싶은 일은 무조건 저지르는 스타일이었기에 그 일을 잊지 않고 드디어 대학생이 되었을 때 구체적으로 그를 만날 계획을 세운다. 어느 날 이스라엘 라빈 총리와 아라파트가 중동 평화협정을 맺고 아라파트는 노벨평화상을 받았다는 소식이 날아든다. 이에 김어준은 즉시 이스라엘로 날아간다. 중동 평화협정 덕에

팔레스타인으로 넘어가는 일도 어렵지 않았다. 김어준은 사람들에게 아라파트의 집이 어딘지 물었다. 그러자 사람들은 하도 어이가 없어 '왜'라고 반문했다. 그러자 김어준은 'RESPECT'란 대답으로 갈음한다.

결국 김어준은 아라파트의 집 앞까지 가는 데 성공한다. 그렇게 아라파트 집 초인종을 누르려던 순간이었다. 갑자기 뇌리에 이런 생각이 스친다.

'그가 나를 만날 이유가 무엇인가? 젠장, 나 역시 그에게 할 말도 없다.'

단지 그에 대한 호기심 때문에 여기까지 온 것뿐이다. 김어준은 이 생각을 깨닫고 아라파트의 집 벽에서 사진 몇 방 찍고 그대로 돌아와 버린다.

김어준 총수의 이 에피소드는 하고 싶은 일에 대한 많은 것을 시사한다. 즉, 그 일이 정말 내가 하고 싶은지는 실제 해 보지 않고는 알 수 없다는 것이다.

김어준 총수는 아라파트를 정말 만나고 싶었는지에 대해 그의 집 대문 앞에 가서야 깨달았다. 실제로는 만나고 싶은 마음이 없었다. 하지만 그 일은 김어준 총수의 인생에서 소중한 경험으로 남는다.

김어준 총수의 이 에피소드가 강력하게 와 닿는 이유는 대부분의 사람들은 하지 못하는 일을 그는 과감히 저지르기 때문이다. 사실 대부분의 사람들은 하고 싶어도 돈 때문에 참거나 시간이 없어 못하는 경우가 태반이다. 그런 사람들은 자신의 욕망을 억누른 채, 또는 정말 그 일이 자신이 하고 싶은 일인지 확인도 못한 채 오늘도 힘겨운 하루를 버티며 살아간다.

내 꿈을 알고 싶다면 일단 저질러 보라. 그러면 그게 내 꿈인지 아닌지, 또 그 꿈에 대한 내 열정의 온도가 얼마인지 모두 알 수 있다. 이보다 소중한 경험이 또 어디 있겠는가. 내 꿈과 내 열정의 온도를 알았다면 이제 마지막 질문에 대한 답이 남는다.

"이 일을 위해 내가 개선해야 할 점은 무엇인가?"

이 마지막 질문에 가장 중요하다. 내가 개선해야 할 점! 이것을 찾지 않은 채 원인을 모르는 중도 포기의 삶을 사는 사람이 너무도 많다. 이는 마치 이번 시험에서 틀린 문제를 다음 시험에서 똑같이 틀리는 것에 비유할 수 있다. 다음 시험에서 같은 문제를 틀리지 않으려면 틀린 문제에 대한 대비를 철저히 해야 한다. 그런데 사람들은 이것을 사소히 여기거나 귀찮게 여겨 간과해 버린다.

내가 개선해야 할 점은 바로 앞에서 답한 내 약점, 내가 싫어하는 것 등에 숨어 있다. 어떤 사람은 게으름이 될 수도 있고 어떤 사람은 무절제가 될 수도 있다. 한편 싫어하는 것에 대하여 사람들은 사소히 여기는 경우가 많은데 절대 그렇지 않다.

어떤 경우 싫어하는 것을 요구할 수도 있다. 예를 들면 내성적인 사람이 사람들을 많이 만나야 하는 경우다. 결국 싫어하는 것도 약점의 다른 모습이라 할 수 있다. 따라서 반드시 개선해야 할 부분이다.

이러한 약점에 대한 개선의 노력을 해나갈 때 비로소 나는 한 단계 성장할 수 있다. 그때 비로소 나도 중도포기하지 않고 내가 원하는 습관 기르기에 동참할 수 있는 사람이 되어 있다.

핵심마인드맵

Talk episode 5 부자들의 사소한 말 습관 훈련

핵심 생각 습관 정리

1. 나는 어떤 강점과 약점을 갖고 있는가?
2. 나는 무엇을 좋아하고 무엇을 싫어하는가?
3. 진정 내가 하고 싶어 하는 일(꿈)은 무엇인가?
4. 이 꿈에 대한 나의 열정은 어느 정도인가?
5. 이를 위해 내가 개선해야 할 점은 무엇인가?
6. 말은 훈련에 의해 바뀔 수 있다.

나의 대안

1. 내가 개선해야 할 점! 이것을 찾지 않은 채 원인을 모르는 중도 포기의 삶을 사는 사람이 너무도 많다.
2. 내가 개선해야 할 점은 바로 앞에서 답한 내 약점, 내가 싫어하는 것 등에 숨어 있다.

03

돈을 버는
사 소 한
습 관 3

Act
행동은 모든 믿음의 결과이다

Episode 1

행동의
과학

사소한 행동에 숨은 과학

행동이란 생각이나 말처럼 정지된 것이 아니라 실제 몸을 움직여 어떤 동작이나 일을 하는 것을 말한다. 정상적인 사람이라면 잠자는 시간 외에는 하루 종일 행동하게 되어 있다. 이처럼 행동은 매일 누구나 하는 것이기에 사람들은 누구나 일정한 자신만의 행동 습관이 몸에 배있다.

부자의 경우 부자가 되는 행동 습관이 몸에 배었기에 부자가 될 수 있었고, 빈자의 경우 빈자가 되는 행동 습관이 몸에 배었기에 빈자가 될 수밖에 없었다.

아무리 부자의 생각이나 말을 한다 해도 이것이 행동으로 옮겨지지 않는 한 아무 일도 일어나지 않는다. 행동으로 옮긴 사람만

이 부자가 될 수 있다. 〈행동하지 않으면 실패도 성공도 없다〉는 데일 카네기의 명저 제목처럼 행동하지 않으면 아무 일도 일어나지 않는다. 행동은 이처럼 곧바로 결과를 나타내기에 정지된 생각이나 말보다는 한 차원 높은 곳에 있다. 그럼에도 행동은 생각이나 말처럼 우리가 늘 하는 것이기에 사소한 것으로 치부해 버려 변화하기가 무척 힘들다.

그렇다면 한 사람의 행동에는 어떤 원리가 숨어 있을까? 나는 스스로 행동이 변화하기를 원했기에 이에 대한 공부와 연구를 수년 동안 해왔다. 지금도 시행착오를 겪는 부분이 있지만 그동안 내가 정리한 행동의 과학에 대해 이야기해 보고자 한다.

수년 전, 나는 정말 행동이 변화하기를 갈망했다. 어느 날 나를 돌아보니 지난 수십 년 동안 행동이 변하지 않아 다람쥐 쳇바퀴 같은 삶을 살고 있는 것을 깨달았다. 이대로는 안 되겠다 싶어, 행동 변화와 관련된 수많은 강의와 책을 읽었다.

그중 행동 변화와 관련하여 내가 만난 주옥같은 책이 있었는데 바로 로랑 구넬의 〈가고 싶은 길을 가라〉이다. 언뜻 제목만 보면 꿈에 관련된 책처럼 보인다. 물론 전체 주제는 그것과 연관되어 있다. 하지만 내 시선은 다른 곳을 향했다. 책은 픽션인지 논픽션인지 구분되지 않는 줄리앙이란 주인공의 발리 여행 이야기로 펼쳐진다. 그곳에서 줄리앙은 발리의 현자인 샴탕 선생을 만난다. 그리고 그에 이끌려 삶에 대한 가르침을 받게 되는데….

이 샴탕 선생이 내가 그토록 궁금해하던 문제의 답을 넌지시 던져 준 것이다. 그것은 바로 '믿음'에 관한 것이었다.

행동 이야기를 하는데 갑자기 믿음이라는 단어를 끄집어내니 마치 발리의 신비스런 분위기와 맞물려 종교적 느낌이 일지도 모르겠다. 하지만 지금부터 내가 하려는 이야기는 신비주의가 아닌 행동의 과학적 접근에 관한 것이다.

책의 내용에서 샴탕 선생은 '믿음대로 된다'는 이야기를 한다. 예를 들어 플라시보 효과라는 게 있는데 이는 환자에게 가짜 약을 주었는데도 환자의 병이 낫는 현상을 말한다. 이는 환자가 그 약을 먹으면 나을 것이란 믿음이 있었기에 일어난 일이다. 이처럼 믿음은 한 사람의 행동에 지대한 영향을 미친다.

믿음과 관련하여 놀라운 이야기가 더 있다. 바로 나의 아내 이야기다. 신혼의 단란한 시간을 보내던 어느 날 아내가 기쁜 표정으로 헐레벌떡 달려왔다.

"나 임신한 것 같아요."

간호사 출신이었던 아내는 조금 흥분해 있었다. 나 역시 첫 아이라 좋아하긴 마찬가지였다. 아내는 곧 월경이 멈추고 심한 입덧이 생겼다. 곧 양가 부모들께도 알리는 등 우리는 분주한 시간을 보냈다. 그러던 중 아내가 흙빛의 얼굴로 나에게 할 말이 있다고 했다.

"무슨 일인데?"

"저기…."

"괜찮으니까 말해 봐."

"오늘 검사를 했는데… 임신이 아니래…."

아내는 차마 말을 잇지 못했다. 나는 순간 귓불에 열이 확 올랐다. 양가 부모들께도 다 알렸는데… 이게 무슨 날벼락이람. 그럼 월경이 멈춘 것은 뭐고 심한 입덧은 또 뭔가. 알고 보니 이게 가상임신이라 했다. 즉, 임신했다는 것을 확실히 믿을 때 일어나는 현상이란다. 믿음이 뇌에 각인되자 뇌가 몸에 각종 호르몬을 보내면서 마치 임신한 것과 같은 생리현상들이 일어났다. 믿음의 힘은 이처럼 대단하다.

나는 믿음과 행동의 관계에 대해 파고들었다. 믿음이란 어떤 경험이나 현상에 대한 정보나 지식을 내 것으로 받아들인 상태이다. 이런 믿음은 내 속에서 작동하며 나만의 사고방식을 만들어낸다.

예를 들어 나는 자존감이 낮다는 믿음이 형성되면 이것이 사고방식으로 정착해 나는 자존감이 낮은 사람으로 살아간다. 반대로 나는 자존감이 높다는 믿음이 형성되면 이것이 나의 사고방식으로 정착하여 자존감이 높은 사람으로 살아간다. 이처럼 믿음은 나의 사고방식에 결정적 영향을 미치며 나의 생각과 행동까지 주관하는 힘을 가진다.

한 사람의 생각과 행동은 그 자신의 사고방식에 의해 좌우되는 법이다. 그런데 믿음이 이러한 사고방식을 만드는 바탕이 되므로 결국 믿음대로 생각하고 믿음대로 행동하게 된다는 결론에 도달할 수 있다.

완벽주의자들 같은 경우 매사에 정리정돈이 잘 되고 깔끔해야 한다는 믿음이 있다. 그래서 그들은 지저분하거나 정리되지 못한 행동을 하는 사람을 이해하지 못해 충돌한다. 반대로 대충해도 된다는 믿음을 가진 사람은 유난히 깔끔 떠는 사람을 이해하지 못해 충돌한다. 이처럼 사람은 자신의 믿음대로 살아간다.

2002년 월드컵 때 유행한 '꿈은 이루어진다'는 말 역시 이것을 믿는 사람들에게는 진실이고 이것을 믿지 않는 사람들에게는 거짓이다. 나는 이것을 진실로 믿었기에 엄청난 에너지의 행동으로 이어져 오늘에 이를 수 있었다.

허리가 아픈 두 사람이 있었다. 두 사람 모두에게 이 약을 먹으면 낫는다고 광고를 했다. 그런데 한 사람은 그 약을 먹었으나 나머지 사람은 그 약을 먹지 않았다. 약을 먹은 사람은 그 말을 믿었기 때문이고 약을 먹지 않은 사람은 그 말을 믿지 않았기 때문이다.

믿음은 이처럼 즉시 행동으로 이끄는 힘이 있다. 만약 당신의 행동이 어떤 부분에 대하여 미적거린다면 그 부분에 대한 믿음이 어떤지 점검해 보라. 분명 당신의 믿음에 의심쩍은 부분이 있다.

그렇다면 행동의 열쇠가 되는 이러한 믿음은 어떻게 갖게 될 수 있을까?

믿는 대로 행동한다

믿음의 중요성을 인식했다면 이제 믿음이란 개념에 대해 격물치지(格物致知) 해 보자. 여기서 믿음이란 내 행동의 새로운 변화와 관련된 믿음이므로 미래의 일에 대한 믿음만을 다루기로 한다. 나는 이런 믿음의 개념에 대해 가장 잘 설명한 지식을 성경에서 발견했다. 성경에는 믿음에 관하여 다음과 같은 구절이 있다.

"믿음은 우리가 바라는 것들을 보증해 주고, 볼 수 없는 것들을 확증해 줍니다."

여기서 보증이란 보증수표와 같다. 즉, 믿음이란 바라는 것이 반드시 일어날 수 있게 보증해 준다. 또 믿음이란 볼 수 없는 것도 반드시 일어날 수 있게 확증해 준다.

이런 기준으로 볼 때 믿음은 바람이나 희망과는 분명 차이가 있다. 바람이 미래에 대한 확신이 막연한 상태라면 희망은 미래에 대한 확신이 조금 생긴 상태다. 하지만 믿음은 미래에 대한 확신이 굳어진 상태다. 이것이 바로 믿음인 것이다.

믿음 〉 희망 〉 바람

많은 사람들이 부자가 되고 싶다는 바람은 있지만 자신이 부자가 될 것이란 믿음은 없다. 그러니 부자가 되기 위한 행동으로까지 이어지지 않는다. 또 부자가 될 수 있을 것이란 희망은 분명 열정을 불러일으키는 동력이 되지만 절망이 오는 순간 바람 앞에 흔들리는 등불이 될 수도 있다. 하지만 부자가 될 수 있다는 믿음이 생겼을 때는 그 믿음대로 행동하는 힘을 가진다. 이것이 바로 믿음과 행동의 역동적 관계다.

그렇다면 이런 믿음은 어떻게 형성될 수 있을까? 믿음은 내가 의지적으로 믿고 싶다고 무조건 만들어지는 게 아니다. 한 사람의 마음에 믿음이 생기기 위해서는 일련의 과정이 필요하다.

먼저 믿고자 하는 대상에 대한 이해가 필요하다. 대상이 정말 믿을 만한 존재인지, 확인 과정이 필요하다. 또 믿음의 대상에 대한 경험이 필요하다. 믿음의 대상이 경험적으로 신뢰를 준다면 믿음이 싹틀 수밖에 없기 때문이다.

이처럼 믿음은 내 의지에 의해 만들어지는 것이 아니라 내가 믿고자 하는 믿음의 대상에 의해 좌우되는 성질이 있다. 무당에 대한 믿음을 예로 살펴보자.

대부분의 사람들은 무당이 점을 잘 알아맞힌다는 이해와 간접적(타인의 이야기 등) 경험을 밑바탕에 갖고 있다. 따라서 무당이 하는 말을 쉽사리 믿고 따른다. 하지만 이는 무당을 신뢰하지 않는 사람들에게는 해당되지 않는 이야기다.

마찬가지로 부자가 되는 지식도 그대로 적용된다. 만약 이 책에서 제시하는 돈을 벌겠다는 습관의 지식이 신뢰할 만하다면 사람들은 이를 믿고 곧 행동으로 옮길 것이다. 하지만 이 책의 지식이 신뢰할 만하지 않다면 이 책을 읽고 행동으로 옮기는 사람은 없다.

이제 내가 새로운 분야의 행동습관을 만들고자 한다면 가장 먼저 해야 할 일은 그 분야에 대한 막연한 바람이나 희망 정도의 사고에서 나아가 믿음의 수준까지 올려야 한다. 이를 위해 그 분야의 신뢰할 만한 대상을 찾는 것이 중요하다. 그 대상이 당신에게 믿음을 심어줄 것이요, 그 순간부터 당신의 행동은 역동적으로 움직이기 시작할 것이기 때문이다.

핵심마인드맵

Talk episode 1 행동의 과학

핵심 생각 습관 정리

1. 부자의 경우 부자가 되는 행동 습관이 몸에 배었기에 부자가 될 수 있었고 빈자의 경우 빈자가 되는 행동 습관이 몸에 배었기에 빈자가 될 수밖에 없었다.
2. 믿음은 한 사람의 행동에 지대한 영향을 미친다.
3. 믿음은 나의 사고방식에 결정적 영향을 미치며 나의 생각과 행동까지 주관하는 힘을 가진다.

나의 대안

1. 믿음은 즉시 행동으로 이끄는 힘이 있다.
2. 당신의 행동이 어떤 부분에 대하여 미적거리고 있다면 그 부분에 대한 믿음이 어떤지 점검해 보라.
3. 바람이 미래에 대한 확신이 막연한 상태라면 희망은 미래에 대한 확신이 조금 생긴 상태다. 하지만 믿음은 미래에 대한 확신이 굳어진 상태다.
4. 믿음은 내 의지에 의해 만들어지는 것이 아니라 내가 믿고자 하는 믿음의 대상에 의해 좌우되는 성질이 있다.

Episode 2

빈자들이 범하는
사소한 행동 습관들

부자를 경멸하면 부자가 될 수 없다

내가 아는 부자가 있었다. 그런데 그는 유명한 노랭이였기에 사람들은 그를 좋아하지 않았다. 그러면서 사람들은 입버릇처럼 그에게 "그렇게 돈도 많은데 한턱 내라"며 다그쳤다. 하지만 부자는 특별한 일이 아니라면 웬만해서는 절대 움직이지 않았다.

그럴 때마다 사람들은 그 부자에게 경멸하는 눈빛을 보냈다. 그러면서 자신들은 때마다 턱을 내기도 하는 정상적인 사람이라는 것을 은근히 과시하는 티를 냈다.

실제 그 부자를 제외한 보통의 사람들은 턱을 내야 할 때는 턱을 내는 사람들이었다. 문제는 그들은 부자처럼 돈에 있어 자유롭지 않으며 늘 각박한 생활을 하고 있다는 사실이다. 그들 역시 돈을 많이 벌고 싶은 욕심은 꽉 차 있으나 이상하게도 부자 근처에도 가지 못하는 삶을 헤매고 있다.

나는 이 장면을 지켜보며 왜 보통 사람들이나 빈자들이 부자가 되지 못하는지 이유를 살필 수 있었다. 부자는 충분히 쓸 돈이 있음에도 불구하고 기분에 따라 함부로 돈을 쓰지 않았다. 하지만 보통의 사람들은 돈이 부족함에도 불구하고 기분에 따라 돈을 팍팍 써버렸다.

이런 상황에서 그들이 아무리 돈을 벌어도 부자가 될 리 만무하다. 부자란 돈이 많은 사람을 뜻하는데 일단 돈을 모아야 부자의 꿈이라도 시작하지 않겠는가. 그런데 보통 사람들은 기분에 따라 돈을 써버리니 시작도 하지 못한 채 오늘도 헤맬 수밖에 없는 것이다.

빈자들의 행동에서 가장 심각한 것은 그들이 이런 행동의 오류를 전혀 모른 채 살아가고 있다는 데 있다. 그들은 자신의 행동 가운데 어떤 부분 때문에 부자가 되지 못하는지 모른다. 그러면서 도리어 부자의 아껴 쓰는 행동을 질타한다. 이래 가지고서는 절대 부자 근처에도 갈 수 없다.

사실 나 역시 빈자의 사고방식에 철저히 절어 있는 사람 중 하나였다. 그래서 부자더러 그렇게 살지 말라며 어리석은 충고를 목청 높여 몇 번이나 했었다.

사실은 부자가 옳고 내가 틀린 줄 모르면서 말이다. 지금 생각하면 낯 뜨겁다. 돈을 쓰는 데 있어 그 부자가 옳고 내가 틀린 이유는 자명하다. 부자는 돈의 속성에 맞게 아끼며 꼭 필요한 데만 썼다.

하지만 나는 내 기분에 따라 욕망에 따라 돈을 쓰고 있었다. 이 것은 시간이 지나면서 하늘과 땅 차이의 결과를 만들어낸다. 안타 깝게도 보통 사람들이나 빈자들은 이 사실을 전혀 인식하지 못하 고 있다. 그래서 그들은 부자 근처에도 가지 못한 채 오늘도 어리 석은 욕망의 꿈을 꾸며 살아가고 있는 것이다.

부자가 되고 싶다면 부자의 마인드를 가지고 부자처럼 행동하 는 연습을 하라. 빈자의 행동 습관을 버리지 않으면 절대 부자의 꿈조차 꿀 수 없다.

돈이 떠나가게 하는 빈자들의 행동습관

명정선 작가가 쓴 〈부자의 습관 빈자의 습관 : 평범한 사람도 부자로 만들어 주는 44가지 작은 습관〉에는 빈자들이 범하는 어 리석은 행동습관 44가지에 대하여 잘 지적하고 있다. 물론 이들 중 동의할 수 없는 부분도 있겠지만 작가는 기자 생활 10여 년 동 안 1,000여 명의 부자들과 인터뷰하며 그 가운데 공통점을 찾아 내어 이 책을 썼다 하니 객관적 검증을 거친 습관들이라 할 수 있 다. 나는 이들 중 빈자들이 범하는 행동과 관련된 핵심적인 습관 10가지를 뽑아내 나의 언어로 정리해봤다.

① 빈자는 돈을 아무렇게나 대한다.

② 빈자는 정리정돈을 잘 하지 않는다.

③ 빈자는 타인의 평가에 민감히 반응한다.

④ 빈자는 건강관리를 병원에 맡긴다.

⑤ 빈자는 외식을 즐긴다.

⑥ 빈자는 취미활동에 돈을 아낌없이 쓴다.

⑦ 빈자는 싼 것을 선호한다.

⑧ 빈자는 약속 시간에 쫓긴다.

⑨ 빈자는 목표를 크게 세우고 중도포기 한다.

⑩ 빈자는 SNS에 지배당하며 경제기사보다는 정치, 연예, 스포츠에 열광한다.

어떤가? 당신은 이 10가지 중 몇 가지에 해당하는가? 아마도 빈자라면 씁쓸히 입맛을 다시며 쳇, 하고 고개를 끄덕일 것이다. 이에 동의할 수 없다고 생각하는 빈자들은 이것이 왜 빈자들의 어리석은 행동습관이 되는지 고개를 갸우뚱할 것이다.

위의 행동들이 왜 부자로 가는 길을 막는 행동인지 하나하나 차근차근 살펴보도록 하자.

① 빈자는 돈을 아무렇게나 대한다.

이 경우 간단한 원리로 설명할 수 있다. 당신이 돈이라면 자신을 정성스럽게 대하는 사람에게 가고 싶겠는가, 아무렇게나 대하는 사람에게 가고 싶겠는가.

빈자들의 경우 돈을 주머니에 구겨 넣고 다니는 사람이 많다. 아니면 지갑에 넣을 때도 아무렇게나 지갑에 넣어 다닌다. 하지만 부자들은 돈을 그렇게 다루지 않는다.

지폐의 경우 구겨지지 않도록 장지갑에 넣어다니며 돈을 지갑에 넣을 때도 한쪽 방향으로 가지런히 정돈하여 넣는다. 돈을 이처럼 귀하게 대하니 자연히 돈을 따를 수밖에 없다. 반대로 빈자들의 경우 돈을 아무렇게나 대하니 돈이 따르기 참 애매하다.

② 빈자는 정리정돈을 잘 하지 않는다.

위와 비슷한 이유로 돈이 따르지 않는다. 정리정돈이 잘 안 되어 있으면 마음까지 심란하고 복잡해진다. 그런 상황에서는 일에 집중하기도 힘들며 성과를 내기도 어렵다. 이런 이유로 정리정돈을 잘 하지 않는 빈자들에게는 돈이 따르기가 힘들다.

③ 빈자는 타인의 평가에 민감히 반응한다.

빈자는 왜 돈이 따르지 않을까? 타인의 평가에 민감하다는 뜻은 자존심은 세지만 자존감은 낮은 상태를 뜻한다. 자존감은 낮은데 자존심을 건드리니 민감히 반응하는 것이다.

이는 내 세계관의 중심이 나에게 있지 않고 타인에 이끌려 있기에 나타나는 현상이다. 타인의 인정이 있어야만 내 존재가치가 비로소 성립된다고 생각하는 것이다. 그런 타인이 자존감이 낮은 나에 대해 부정적 평가를 하니 민감한 반응이 뒤따를 수밖에 없다.

안타까운 것은 부자들 중 자존감이 낮은 사람은 거의 찾아볼 수 없다는 데 있다. 이 때문에 타인의 평가에 민감히 반응하는 사람에게는 돈이 따르지 않는다. 이 문제의 해결책으로 베스트셀러이기도 한 〈미움 받을 용기〉란 책에서는 인간은 미움 받을 수밖에 없는 존재이므로 이를 인정해 버리라고 한다. 그리고 미움 받을 용기를 기르라고 한다.

이는 다른 말로 자존감을 높이기 위해 노력하라는 말과 일맥상통한다. 타인의 평가에 민감히 반응하는 당신이라면 자존감을 높이기 위한 공부를 시작해보길 권한다.

④ 빈자는 건강관리를 병원에 맡긴다.

이 경우 자기관리와 깊은 관계가 있다. 빈자들은 건강관리를 잘하지 않으며 아프면 그냥 병원으로 달려간다. 문제는 약은 약을 부른다는 말이 있는 것처럼 병원 약에 의존하다 보면 면역력이 떨어지고, 그래서 더 자주 병원을 들락거려야 한다. 이는 시간 낭비에 돈 낭비, 그리고 막대한 에너지를 소모하는 어리석은 행위다. 이런 태도로 부자가 되기는 무척 힘들다.

⑤ 빈자는 외식을 즐긴다.

이 경우 '욕망의 분출'과 깊은 관련을 가진다. a가 갑자기 턱을 내겠다, 한다. 주식이 올랐다는 것이다. b는 오늘 밥 해먹기 귀찮으니 외식하자고 한다. 식도락가인 c는 새로운 맛집이 나왔다 하면 찾아다니기 바쁘다. 심지어 강원도라 해도 차를 질질 끌고 그곳을 찾아간다. 먹는 게 낙이라면서… 이런 태도를 가진 사람들은 부자가 되기 힘들다. 왜냐하면 돈의 가치를 외면한 채 자신의 욕망을 채우는 도구로 사용하고 있기 때문이다.

⑥ 빈자는 취미활동에 돈을 아낌없이 쓴다.

좀 의외의 행동습관이라 여겨질 수도 있다. 하지만 취미활동에 대한 부자들의 행동습관을 보면 금방 이해가 될 것이다. 부자들은 경제활동과 관련된 취미활동이 아니라면 취미활동에 거의 돈을 쓰지 않는다.

꼭 취미활동을 해야 한다면 돈이 들지 않는 취미활동을 선택한다. 취미활동에 돈을 아낌없이 쓰는 사람들이 부자가 되기 힘든 이유는 이 역시 자신의 욕망을 채우는 데 돈을 쓰기 때문이다.

이는 앞에서 이야기했던 돈의 목적에 부합하지 않는다. 돈의 목적은 세상을 유익하게 하는 데 바르게 잘 쓰이기 위함이다. 첨언할 것은, 만약 취미활동에 쓰는 돈이 자기계발을 위한 것이라면 여기의 행동습관에는 해당하지 않는다는 사실을 꼭 기억하기 바란다.

⑦ 빈자는 싼 것을 선호한다.

왜 가난해지는 행동습관이 될까? 싼 게 비지떡이란 말이 있다. 싸게 산 물건의 가치 역시 떨어지게 마련이다. 그래서 오래가지 못하기에 자꾸 또 다른 싼 것을 사야 하는 악순환에 빠진다.

게다가 싼 것을 선호하는 사람들은 잘못하면 돈의 가치를 망각해 과소비를 할 수도 있다. 싸게 사다보니 큰 돈 나가는 느낌이 들지 않아 이것저것 다 사게 된다는 이야기다. 결국 한 달이나 1년 기준으로 지출을 계산해 보면 오히려 비싼 것을 산 경우보다 더 많은 지출을 하는 경우가 태반이다. 이런 이유로 싼 것을 선호하는 사람들은 부자가 되기 힘들다는 이야기다.

⑧ 빈자는 약속 시간에 쫓긴다.

마음의 태도에 관한 부분이다. 시간은 돈이다, 라는 말이 있다. 시간이란 이처럼 귀중한 것인데 약속 시간에 늘 쫓기는 사람들은 이런 시간의 귀중함을 망각한 사람들이다.

특별히 중요한 일을 한다고 쫓기는 것이 아니라 약속 시간의 중요성, 시간의 중요성을 아예 모르기에 이런 실수를 자꾸 범하는 것이다. 또 늘 약속 시간에 쫓기는 모습은 타인에게도 좋은 인상을 주지 않아 사람들의 신뢰를 얻기 힘든 부분도 있다. 이런 이유로 시간에 쫓기는 사람들은 부자가 되기 매우 힘들다.

⑨ 빈자는 목표를 크게 세우고 중도포기 한다.

많은 사람들이 공감할 것이다. 부자란 뭔가 목표로 한 것을 이룬 사람이라 할 수 있다. 아직 부자가 되지 못한 사람들은 목표 달성에 실패했거나 아직 이루지 못하는 과정에 있을 것이고.

그런데 목표 달성에 자주 실패하는 사람들의 공통점은 이루지도 못할 너무 큰 목표를 세운다는 데 있다.

처음부터 꿈에 부풀어 큰 목표를 세우니 현실의 나는 당연히 이를 따라갈 수 없다. 결국 중도포기의 악순환 고리에 빠진다. 목표를 달성하지 못하니 당연히 부자가 될 수도 없다.

⑩ 빈자는 SNS에 지배당하며 경제기사보다는 정치, 연예, 스포츠에 열광한다.

많은 사람들이 공감하는 행동습관일 것이다. 부자의 습관 강의로 유명한 이영권 박사는 부자가 되고 싶다면 당장 경제 일간지부터 구독하라고 충고한다. 빈자들은 그만큼 경제문제에 관심이 없기 때문이다. 대신 정치 문제에 열을 올리며 연예나 스포츠 등 가십거리에 열중한다.

부자란 돈과 직결되는 것이기에 부자가 되고자 한다면 먼저 경제 문제에 관심을 가지고 경제 지식부터 갖춰야 한다. 그런데 빈자들은 경제 문제에 통 관심이 없다. 그들은 오로지 SNS에 지배당하며 오늘도 정치, 연예, 스포츠에 열광하며 살아가는 게 낙이다. 이래 가지고는 부자가 되기 무척 힘들다.

습관코칭 핵심마인드맵

Talk episode 2 빈자들이 범하는 사소한 행동 습관들

핵심 생각 습관 정리

1. 빈자는 돈을 아무렇게나 대한다.
2. 빈자는 정리정돈을 잘 하지 않는다.
3. 빈자는 타인의 평가에 민감히 반응한다.
4. 빈자는 건강관리를 병원에 맡긴다.
5. 빈자는 외식을 즐긴다.
6. 빈자는 취미활동에 돈을 아낌없이 쓴다.
7. 빈자는 싼 것을 선호한다.
8. 빈자는 약속 시간에 쫓긴다.
9. 빈자는 목표를 크게 세우고 중도포기 한다.
10. 빈자는 SNS에 지배당하며 경제기사보다는 정치, 연예, 스포츠에 열광한다.

나의 대안

1. 보통 사람들은 기분에 따라 돈을 써버리니 시작도 하지 못한 채 오늘도 헤맬 수밖에 없다.
2. 빈자들의 행동에서 가장 심각한 것은 그들이 이런 행동의 오류를 전혀 모른 채 살아가고 있다는 데 있다.
3. 부자가 되고 싶다면 부자의 마인드를 가지고 부자처럼 행동하는 연습을 하라. 빈자의 행동습관을 버리지 않으면 절대 부자의 꿈조차 꿀 수 없다.

Episode 3

배워야 할 돈을 버는
사소한 행동 습관들

강남 부자들은 부자 DNA가 있다

나는 20여 년 전 젊은 시절 강남 부자와 친하게 지낼 기회를 얻은 적이 있다. 그 당시 귀했던 벤츠를 몰고 다니던 그는 행동이 범상치 않았다. 그는 유달리 강남 친화론자였으며 나에게 부자 DNA에 대해 역설했다.

그는 당시 내가 근무하던 출판사에 자신의 책을 내기 위해 나에게 접근했고 이로 인해 나는 그와 자주 밥을 먹을 기회를 얻었다. 그는 나를 만나면 일단 자신의 아내에 대해 부자가 될 마인드가 부족하다는 이야기를 심심찮게 했다. 그의 말인즉, 부자는 부자 DNA가 따로 있는데 자신이 보기에 주로 강남 사람들의 경우 가르치지 않아도 이런 DNA가 몸에 배 있다는 것이다. 반면 강북 사람들의 경우 부자 DNA가 아예 없거나 부족하다고 했다. 그런데 자신의 아내가 바로 강북 사람이라는 것이다.

그런데 내가 보기에 그의 아내는 아주 잘 나가는 강사였다. 연봉만 해도 당시에 억대가 넘는! 그 정도라면 강남 부자와 살기에 손색이 없을 것 같은데… 그의 생각은 달랐다. 아무리 돈을 잘 벌어도 부자 DNA가 없으면 부자가 될 수 없다는 것이다. 그는 종종 아내에게 이렇게 말한다고 한다.

"당신은 현실을 벌어, 내가 미래를 벌게."

그의 말인즉슨 아무리 돈을 많이 벌어도 그 돈은 다 써버리면 없어지는 일시적 현상일 뿐이라 했다. 진짜 부자는 아무리 써도 그보다 더 많은 돈이 들어오는 구조를 만드는 것에 집중한다고 했다.

당시의 나는 그의 말이 조금 이해가 되지 않아

"도대체 선생님이 말씀하시는 부자 DNA가 무엇입니까?" 하고 물었다. 그러자 그는 이렇게 대답했다.

"그건… 돈이 나오는 곳의 냄새를 맡을 줄 아는 것이죠. 그리고 그 돈이 지속적으로 나오는 구조를 만들 줄 아는 것, 이게 부자 DNA란 말이죠, 껄껄."

20여 년이 지난 지금도 그의 호탕한 웃음소리가 귓전에 맴돈다. 그의 행동은 분명 보통 사람들과는 많이 달랐기 때문이었다.

강남 부자 이야기를 한 까닭은, 부자들의 행동은 빈자들이 생각하는 행동과 정반대편에 있다는 이야기를 하고 싶어서다. 빈자들은 그런 부자를 만나보지 못했기에 이런 사실을 전혀 모른다. 단지 그의 사주가 부자 사주라 부자가 되었겠거니, 부모 잘 만나 부자가 되었겠거니, 운이 좋아 부자가 되었겠거니 생각할 뿐이다.

물론 그들이 부자가 된 이유에 부자 사주, 부자 부모, 부자 운 등도 중요한 몫을 차지한다. 그렇다면 부자 사주, 부자 부모, 부자 운이 없는 사람은 절대 부자가 될 수 없단 말인가? 이는 자신의 운명을 팔자에 맡기는 소극적 방관일 뿐이다. 현대는 운명 개척의 시대다. 내 노력 여하에 따라 큰 부자는 아닐지라도 작은 부자는 얼마든지 될 수 있는 시대다. 다음과 같은 격언이 있음에 주목하라.

"큰 부자는 하늘이 내리지만 작은 부자는 노력으로 만들어진다."

빈자들의 행동 반대편에 부자들의 행동 있다

사람들이 착각하는 것이 있다. 어떤 문제의 답이 반드시 그 문제 안에 있을 거라 생각하는 것이다. 물론 간단한 문제의 경우 그 문제 안에 답이 있는 경우도 있다. 하지만 복잡한 세상 문제의 진짜 답은 그 문제의 반대편에 있는 법이다.

이게 무슨 말일까, 하는 사람들이 많을 것 같다. 나는 과거 요로결석에 걸려 심하게 고생한 적이 있다. 그때 요로결석은 시술로 나았는데 이후 감염으로 인한 후유증으로 고생하게 되었다. 전립선염이라는 새로운 병이 찾아왔고 이로 인한 아랫배 통증과 허리 통증이 장난 아니었다.

나는 수개월 동안이나 독한 병원 약을 먹다가 약으로는 도저히 낫기 힘들다는 판단 아래 인터넷을 검색했다. 도대체 통증의 원인이 무엇일까, 하면서. 인터넷에는 허리통증을 경감시켜 주는 지압법이 나와 있었다. 허리에 테니스공을 대고 지압을 해 주는 방법이었다. 그렇게 아픈 부위에 테니스공을 대고 지압을 해 주면 허리통증이 조금 나아지곤 했다.

　그러나 시간이 지나면 다시 통증이 밀려왔다. 나는 좀 더 깊이 통증의 원인에 대해 파고 들었는데… 놀라운 사실을 알게 되었다. 우리 몸의 통증은 염증 때문일 거라 생각하지만 염증 그 자체는 통증이 없다는 것이었다. 대신 대부분의 통증은 염증 등의 원인으로 근육이 굳어지면서 생긴다 했다.

　이때 근육의 통증을 일으키는 통증유발점이 있는데, 이것을 '트리거 포인트'라 한다. 트리거 포인트에서 통증이 유발되어 통증은 주변으로 방사되어 나간다. 그리고 실제 우리가 통증을 느끼는 부위는 방사통 지점이다. 따라서 트리거 포인트의 근육을 풀어줘야 통증의 원인이 제거된다고 했다.

　나의 허리통증이나 아랫배 통증도 사실은 방사통 지점이었다. 그러니 아무리 거기를 지압해줘도 트리거 포인트의 문제는 해결되지 않고 있던 상황이었다. 내 허리통증의 트리거 포인트는 반대편 배 상단 근육에 있었다. 또 아랫배 통증의 트리거 포인트는 반대편 엉덩이 부분에 있었다. 나는 트리거 포인트를 집중적으로 지압하기 시작했다. 그리고 놀랍게도 통증은 점점 사라져갔다. 이후 통증은 완전히 사라졌고 지금까지 정상적인 생활을 하고 있다.

만성 전립선염은 사실 현대의학으로도 해결되지 않는 난치병으로 소문나 있다. 오죽하면 만성 전립선염 완치자들의 모임이란 것도 생겼을까. 나도 한참 전립선염으로 고생할 때 들어가 도움을 받기도 했었다. 그러나 전립선염이 완전히 완치되었다는 사람은 찾아보기 힘들었다. 나 역시 재발이 염려스러워 이후 식생활을 완전히 개선하고 체중도 감량하는 등 근본원인 제거에 필사적 노력을 감행했다. 다행히 지금은 전립선염이 완치되어 아무런 통증 없이 정상적 생활을 하고 있다.

나의 경험에서 얻을 수 있는 교훈은 어떤 문제의 해결책은 그 문제 자체에 있지 않을 가능성이 높다는 것이다. 고혈압의 원인이 고혈압 그 자체에 있지 않고 당뇨의 원인이 당뇨 그 자체 있지 않은 것처럼. 그리고 어떤 문제의 진짜 해결책은 나의 경우와 같이 정반대편에 있는 경우가 많다.

'많이'의 해결책은 '적게'에, '적게'의 답은 '많이'에, 오른쪽의 답은 왼쪽에, 왼쪽의 답은 오른쪽에 등과 같이. 이런 결과가 나타나는 이유는 우리에게 다가오는 문제가 위장하여 오기 때문이라 생각된다.

이제 이런 기준으로 빈자들의 사소한 행동습관 문제 해결에 다가가 보자. 빈자들의 어리석은 행동습관을 바꾸려면 빈자들의 행동 그 자체에서 문제를 찾기보다 오히려 반대편에 있는 부자들의 행동습관에서 찾는 것이 더 지혜롭다. 부자들의 행동습관에 빈자들이 범하는 문제의 행동습관에 대한 진짜 답이 숨어 있기 때문이다.

답을 찾는 방법은 간단하다. 지금 빈자들이 하고 있는 행동습관과 반대되는 행동습관을 찾으면 된다. 그것이 바로 부자들의 사소한 행동습관이기 때문이다.

돈이 따르는 행동습관 10가지

이제 부자들의 사소한 행동습관에 대하여 알아보자. 이 역시 앞에서 다뤘던 빈자들의 행동습관 10가지를 기준으로 살펴보기로 한다. 부자들의 행동습관을 알아내는 것은 간단하다. 빈자의 행동습관과 반대말을 적으면 되기 때문이다.

① 빈자는 돈을 아무렇게나 대한다.

→ 부자는 돈을 귀하게 대한다.

② 빈자는 정리정돈을 잘 하지 않는다.

→ 부자는 정리정돈을 잘 한다.

③ 빈자는 타인의 평가에 민감히 반응한다.

→ 부자는 스스로 자신의 평가에 더 신경 쓴다.

④ 빈자는 건강관리를 병원에 맡긴다.

→ 부자는 스스로 미리 건강관리를 한다.

⑤ 빈자는 외식을 즐긴다.

→ 부자는 외식을 아낀다.

⑥ 빈자는 취미활동에 돈을 아낌없이 쓴다.

→ 부자는 욕망을 채우기 위한 취미활동에는 돈을 아낀다.

⑦ 빈자는 싼 것을 선호한다.

→ 부자는 싼 것을 선호하지 않고 가치 있는 것을 선호한다.

⑧ 빈자는 약속 시간에 쫓긴다.

→ 부자는 약속 시간에 여유 있게 간다.

⑨ 빈자는 목표를 크게 세우고 중도포기 한다.

→ 부자는 목표를 작게 세우고 꼭 성취한다.

⑩ 빈자는 SNS에 지배당하며 경제기사보다는 정치, 연예, 스포츠에 열광한다.

→ 부자는 SNS를 지배하며 경제기사에 집중한다.

어떤가? 이제 부자의 행동습관과 빈자의 행동습관이 정반대편에 있다는 말이 실감나는가. 이 외에 〈부자의 습관 빈자의 습관 : 평범한 사람도 부자로 만들어 주는 44가지 작은 습관〉에서 언급하는 사소하지만 따라야 할 부자들의 행동습관 몇 가지를 더 열거해 보자.

· 부자는 메모를 잘한다.

· 부자는 꼭 필요한 사람들과의 관계를 소중히 여긴다.

· 부자는 중요한 일에 집중한다.

· 부자는 끝없는 성장을 추구한다.

· 부자는 불황에 흔들리지 않는다.

먼저, 부자가 메모를 잘 하는 이유는 메모야말로 그 순간의 좋은 지식을 저장하고 또 필요할 때 지식을 끄집어낼 수 있는 최고의 수단이기 때문이다. 메모하지 않는 사람들은 그때의 기억을 생각해 내느라 애를 먹는다. 뿐만 아니라 아예 그때의 일을 기억조차 못해 손해 보는 경우가 다반사다. 이렇게 해가지고는 메모하는 사람을 따라갈 수 없다.

부자가 꼭 필요한 사람들과의 관계를 소중히 여기는 이유는 그들과의 네트워크가 이후의 경제에 결정적 영향을 미칠 수 있기 때문이다. 네트워크와 관련하여 빈자들의 경우 되도록 많은 사람과 네트워크를 형성하려고 애쓴다. 그래서 명함도 남발하는 경우가 많은데 부자들의 경우 절대 명함을 남발하지 않는다. 자기에게 꼭 필요한 사람에게 명함을 건네며 그와 친밀한 관계 맺기에 최우선을 둔다. 하지만 빈자들의 경우 많은 명함을 돌리지만 그들과 친밀한 관계 맺기는 사소히 여기며 소홀히 다룬다.

부자들이 만든 이와 같은 네트워크는 어떤 일이 터졌을 때 서로 긴요한 소통으로 문제해결의 실마리로 작동할 수 있다. 하지만 빈자들의 경우 어떤 일이 터졌을 때 있는 네트워크도 잘 활용하지 못하게 된다. 서로 긴밀한 관계 형성에 소홀했기 때문이다.

한편, 부자가 중요한 일에 집중하는 것은 부자가 되기 위해 명심해야 할 매우 중요한 부분이다. 흔히 빈자들은 이일 저일 닥치는 대로 한다. 그러다보니 워크홀릭에 빠져 일의 노예에서 해방되지 못한다. 이것은 시간을 제대로 활용하지 못한다는 측면에서,

엉뚱한 에너지를 많이 소비한다는 측면에서 지혜롭지 못하다. 이와 관련하여 이런 예화가 있다.

어떤 컨설턴트가 있었다. 그는 한 회사의 컨설팅을 제안받고 그 회사의 사장을 만났다. 사장은 매일 일에 치여 살고 있어 초췌한 모습이었다. 컨설턴트는 회사의 업무분석을 마치고는 사장에게 이런 제안을 한다.

"저에게 10만 불을 주시면 이 회사의 컨설팅을 해드리겠습니다." 라고. 사장은 터무니없는 액수에 거절하려다 컨설턴트가

"대신 후불입니다. 만약 성과가 나면 돈은 그때 주시면 됩니다."라고 하는 말에 컨설턴트의 제안을 수락한다.

그런데 그 컨설턴트가 내민 해법은 의외로 너무 간단했다. 그것은 '중요한 일을 먼저 하십시오.' 라는 짧은 문구 하나였기 때문이다. 사장은 '이게 뭐야?' 하는 의심으로 일단 컨설턴트가 시킨 대로 일을 했다. 그렇게 몇 달이 지난 후 사장은 다시 컨설턴트와 마주했다. 사장은 더 이상 초췌한 모습이 아니었으며 도리어 한결 여유로운 모습이었다. 사장은 입가에 은근한 미소를 띠며 컨설턴트에게 10만 불짜리 지폐를 건네주었다.

이 이야기는 중요한 일에 집중하는 것이 얼마나 중요한지 극단적으로 보여주는 예다. 그 컨설턴트의 제안에 따라 사장은 중요한 일을 먼저 하기 시작했다. 다음으로 급한 일, 덜 중요한 일 등을 했다. 그랬더니 얼마 지나지 않아 놀라운 일이 일어났다. 오히려 시간이 남아돌 뿐 아니라 회사의 성과는 두 배 이상 올랐기 때문이다.

부자들이 중요한 일에 집중하는 이유는 바로 이 때문이다. 빈자들은 대부분 중요한 일보다는 급한 일에 허덕인다. 그러다 보니 시간에 쫓기거나 정작 중요한 일은 소홀히 넘기는 경우가 많다. 하지만 부자들은 중요한 일에 집중하며 거기에서 자기가 원하는 부를 채굴해낸다. 물론 중요한 일에 집중하는 부자들이 시간에 쫓기는 삶을 살지 않는 것은 당연한 결과다.

끝없는 성장을 추구하는 것은 부자의 자질 중 가장 중요한 덕목 중 하나라 생각한다. 만약 어느 정도 부를 쌓았다며 더 이상 부를 추구하지 않는다면 그는 이미 부자의 자질을 상실한 부자다. 그 부자는 그 길로 곤두박질치게 된다. 부자가 끝없는 욕심을 부리는 것에 대하여 빈자들은 인간의 욕심은 끝이 없다며 멸시하고 경계한다.

부자들은 왜 돈에 대하여 끝없이 배고플까? 만약 부자가 자신만 잘 먹고 잘 살기 위한다면 부자는 이미 평생 먹고 살 돈을 다 가지고 있으므로 더 이상 욕심 부릴 이유가 없다. 그럼에도 부자들이 돈에 대해 끝없이 갈망하는 것은 또 다른 이유가 있기 때문이라고 생각한다. 이에 대하여 돈의 관점에서 생각해 보면 답이 나온다.

사람들은 잘 인식하지 못하지만 돈 스스로는 자연의 법칙에 따라 움직이려 하는 성질이 있다. 즉, 돈의 본질적 목적에 맞게 잘 쓰일 수 있는 곳으로 이동하려 하는 것이다. 그래서 돈은 돌고 돈다. 만약 빈자나 보통 사람에게 부자만큼의 돈이 흘러갔을 경우 어떻게 될까.

빈자나 보통 사람들은 자신들의 욕망을 채우기 위해 돈을 펑펑 써버릴 것이며 더 이상 일하려 하지도 않을 것이다. 그러면 우리 사회가 어찌 되겠는가. 돈은 절대 빈자에게 흘러 들어가려 하지 않는다. 그렇다면 부자에게로 흘러 들어가면? 이 경우 최소한 욕망을 충족하기 위해 헛되게 쓰이지는 않을 것이며, 이로 인해 일하는 사람이 줄어들지도 않을 것이기에 안전하다.

그래서 돈은 부자에게 돈에 대한 끝없는 욕심을 주어 그곳으로 흘러 들어가려 한다. 물론 그 부자가 더 이상 돈에 욕심을 부리지 않고 자신의 욕망을 위해 쓰려 하는 순간 돈은 다시 다른 곳으로 이동할 것이다. 이러한 이유로 돈에 대해 끝없이 갈망하는 것은 중요한 부자의 자질 중 하나다.

이에 대하여 당신 스스로를 진단해 보라. 만약 당신에게 100억의 돈이 생긴다면 당신은 그래도 돈을 벌기 위해 일하고 싶겠는가? 이것은 부자의 자질을 판단하는 중요한 기준이 되므로 심각하게 스스로를 체크해 보라.

빈자들은 불황이 닥치면 불황에 걸맞는 수많은 부정적 말과 행동들을 쏟아내기 바쁘다.

"걱정이야, 앞으로 먹고 살기 힘들겠는걸."

"불황이니 돈이 안 벌리는 게 당연하지."

그러면서 지금 돈이 잘 안 벌리는 것에 대해 불황 탓을 하며 스스로를 위안한다. 하지만 부자들은 불황에 대하여 절대 이런 태도를 갖지 않는다. 부자들은 불황이 닥치면 그곳에서 기회를 본다. 원래 호황일 때보다 불황일 때 더 많은 기회가 찾아오는 법이다. 부자들이 불황 앞에 기회를 보는 까닭은 본능적으로 돈을 벌 수 있는 눈이 있기 때문이다. 남들은 불안해하는 불황이 불황으로 보이지 않고 도리어 돈 벌 기회로 보이기에 불황에 흔들리지 않는 것이다.

습관 코칭 핵심마인드맵

Talk episode 3 배워야 할 부자들의 사소한 행동 습관들

핵심 생각 습관 정리

1. 부자는 꼭 필요한 사람들과의 관계를 소중히 여긴다.
2. 부자는 중요한 일에 집중한다.
3. 부자는 끝없는 성장을 추구한다.
4. 부자는 불황에 흔들리지 않는다.

나의 대안

1. 세상 문제의 진짜 답은 그 문제의 반대편에 있는 법이다.
2. 우리에게 다가오는 문제들은 위장하여 다가온다.
3. 호황일 때보다 불황일 때 더 많은 기회가 찾아오는 법이다.

Episode 4

돈을 버는 사소한
행동 습관 요령

습관은 운명이다!

어느 동기부여 강사가 자신의 강의를 듣기 위해 몰려든 사람들에게 묻는다.

"당신은 부자가 되고 싶습니까?"

그러자 단 한 사람도 빠짐없이 "예"라고 우렁차게 대답한다. 이 모습은 오늘날 거의 모든 현대인의 자화상이다. 그만큼 현대는 물질 만능의 시대이며 누구나 부자가 되고픈 것이다.

부자가 되고 싶은 이유에 대해 물어보면 돈 걱정 없이 살고파서가 대부분이다. 현대인이 과거에 비해 물질적 풍요의 시대를 살면서도 행복하지 않은 이유는 그놈의 돈 때문이다.

돈이 있어야 좋은 자동차도 굴리고 애들 학원도 보내고 괜찮은 집에 살면서 여행도 다닐 수 있는데 그놈의 돈이 내 생각만큼 벌리지 않아 늘 돈 걱정에 산다. 돈 때문에 부부싸움도 하고 돈 때문에 가정불화도 생긴다. 그러니 돈 때문에 오히려 과거보다 불행하다.

강사는 계속하여 사람들에게 부자가 되는 방법에 대해 역설한다.

"부자가 되려면 돈에 대한 마인드를 바꿔야 합니다."

"부자가 되려면 성실해야 하며 실력도 갖춰야 합니다."

"부자가 되려면 작은 목표부터 실천하는 습관을 길러야 합니다."

이날 이 강의를 들은 수십 명의 사람들은 그날부터 강사의 미사여구를 실천해 보려 노력한다. 하지만 불과 한 달 후 이를 그대로 실천하는 사람은 단 한 사람도 없다. 이게 도대체 어떻게 된 일일까?

씁쓸하지만 위의 이야기는 나도 직접 체험한 바 있는 실화다. 아니, 당신도 혹 성공을 꿈꾸며 이런 강의를 쫓아다닌 사람이라면 100% 동감할 것이다. 그래서 오늘날 성공자들은 성공 강의를 하며 더욱 돈을 벌고 있고, 실패자들은 계속 돈을 갖다 바치며 이런 저런 성공자들의 강의를 쫓아다니는 형국이다.

왜 이런 모순이 벌어지는 걸까? 그것은 '습관의 힘'을 사소히 여기기에 일어나는 현상이다. 세상의 모든 일은 습관화되지 않으면 중도포기하게 되어 있다.

'공부의 신'으로 유명한 강성태 공신닷컴 대표는 수많은 공부 비법을 내놓아 대한민국의 학생들을 열광시켰다. 그런 강성태 대표가 고민에 빠졌다. 아무리 좋은 공부 비법을 줘도 학생들은 처음엔 흥분하다가 결국 작심삼일로 끝나고 말더라는 것이다. 강 대표는 이에 대한 원인을 찾기 위해 고심하다가 '습관의 힘'을 발견하였다. 아무리 좋은 것도 습관화하지 않으면 오래가지 못한다는 사실을 발견한 것.

강 대표는 당장 학생들에게 공부 습관을 길러주는 방법을 찾았다. 그리고 '66일 공부 습관 훈련법'을 개발했다. 공부 습관 훈련법은 학생들에게 적중했고, 이 공부 습관이 몸에 밴 학생들은 이제 더 이상 '공부하라'는 힘든 잔소리를 하지 않아도 스스로 공부하는 성과를 이룰 수 있었다.

나는 강 대표의 예를 보면서 세상에 수많은 성공자들의 성공 비결이 '습관'에 있다고 생각했다.

즉, 성공자들은 성공 생활을 아예 습관화하여 실천했기에 성공의 자리에 오를 수 있었다. 반대로 실패자들은 성공 생활을 따라하려 했지만 습관으로 만드는 데 실패하였기에 성공의 자리에 오를 수 없었다.

그런 면에서 나는 '습관은 운명이다'라고 단언한다. 왜냐하면 좋은 습관을 가진 사람은 성공의 삶을 살게 돼 있고 나쁜 습관을 가진 사람은 실패의 삶을 살게 되어 있기 때문이다. 습관에 따라 한 사람의 운명이 좌우되므로 습관이 운명이 아니고 무엇이겠는가!

66일 습관 기르기 훈련!

나는 공신닷컴의 강성태 대표가 왜 '66일 습관 훈련법'을 들고 나왔는지 잘 안다. 나 역시 습관에 대해 관심을 가지고 이런저런 공부를 하다 66일 습관의 원리를 발견했기 때문이다.

A는 신발 끈을 오른쪽부터 매는 습관이 있었다. 신발 끈을 왼쪽부터 매면 감성적 우뇌발달에 도움을 준다는 이야기를 듣고 그날로 왼쪽부터 신발 끈을 매는 반복 행동을 했다. 그리고… 불과 한 달이 채 지나지도 않아 A는 의식하지 않아도 신발 끈을 왼쪽부터 매고 있었다.

B는 공부라면 담을 쌓고 사는 아이였다. 부모는 도저히 이대로는 안 되겠다 싶어 아이에게 공부 습관을 길러주기 위한 프로젝트에 돌입했다. 마치 때가 되면 밥을 먹는 것처럼 때가 되면 공부하는 반복 행동을 심어 준 것. 아침에 일어나면 가장 먼저 책을 보는 반복 행동을 연습시켰다. 그러기를 두 달여. 아이는 놀랍게도 부모가 시키지 않는데도 아침에 일어나자마자 책을 보고 있었다.

C는 정리정돈을 잘 하지 않는 습관이 있었다. 덕분에 B의 방 침대에는 어지러운 옷들이 이리저리 걸레처럼 널려 있었으며, 책상은 다른 책이 비집고 들어갈 틈이 없을 정도로 온갖 잡동사니들로 빼곡했다. B의 마음은 어지러운 방처럼 빙빙 돌았다.

도저히 이대로 살 수 없다는 생각으로 중대 결심을 한다. 정리정돈을 잘 하지 않는 습관을 바꾸기로 한 것. 그날로 B는 굳은 마음으로 매일 정리정돈하는 반복 행동을 연습했다. 그러기를 불과 세 달여… 놀랍게도 C는 자신도 모르게 정리정돈하지 않으면 이상한 느낌이 들 정도로 스스로 정리정돈을 하고 있었다. 덕분에 B의 방은 보기만 해도 깔끔한 방으로 변모해 있었다.

위 A, B, C는 습관 기르기에 성공했다는 공통점이 있다. 그런데 그 기간을 자세히 살펴보라. A, B, C의 습관이 형성된 기간에는 차이가 있다. 이를 평균하면 어떻게 될까? 정확히 66일이라는 시간이 나온다. 66일 습관 기르기는 이렇게 탄생한 것이다.

66일은 단지 추정에 의해 나온 숫자가 아니라 영국 런던대학교(University College London)에서 습관에 대한 연구결과로 나온 데이터다. 런던대학교에서는 한 사람의 습관이 만들어지는 시간을 측정하였는데 습관의 형성에는 개인차가 있었다. 이를 종합하여 평균을 낸 결과 나온 수치가 66일이다. 즉, 한 사람의 습관이 형성되기 위해서는 적어도 66일 동안의 반복행동이 있어야 가능하다는 이야기다.

나의 경험을 돌이켜보면 내가 작가를 꿈꾸던 시절, 아침형 인간으로 습관을 바꾸고자 노력을 한 적이 있다고 했었다. 그때 3개월 여의 시간이 지났을 때 나는 더 이상 노력하지 않아도 새벽 5시면 정확히 눈을 떴던 기억이 있다.

이제 당신 차례다. 당신도 이루고픈 꿈이 있다면 66일 습관 기르기에 도전해 보라. 바른 노력은 절대 배신하지 않는 법이다. 그른 노력이 배신하는 것이지.

66일 습관 기르기는 과학적 연구 결과에 의해 나온 지식이므로 절대 배신하지 않는 바른 노력이다. 이를 따라하면 분명 당신의 노력은 배신당하지 않고 자신이 원하는 습관을 기를 수 있다.

66일 습관 기르기 훈련에는 상벌이 필요하다!

습관이란 편리해지기 위한 내 몸의 자연 반응이다. 만약 밥 먹는 과정이 습관화돼 있지 않다면 우리는 매일 밥을 먹을 때마다 엄청난 노력을 쏟아 부어야 하는 스트레스 속에 갇힌다. 숟가락질부터 젓가락질까지… 그리고 밥을 어떻게 먹어야 하고 반찬은 또 무엇부터 먹어야 할지… 이런 것들이 이미 내 몸에 고착되어 습관화돼 있기에 우리는 오늘도 특별히 힘을 쏟지 않아도 편리하게 밥을 먹고 있다. 바로 밥 먹는 것이 습관화돼 있기 때문이다.

이는 반대로 새로운 습관을 만들기 위해서는 부단한 노력이 필요함을 방증한다. 하나의 습관은 만 번 이상의 반복 연습 결과로 만들어진 것이다.

어떤 건물의 기초를 쌓는 것은 가장 힘든 작업이다. 하지만 기초를 잘 쌓아놓으면 그 집은 가장 튼튼한 집이 된다. 마찬가지로 습관을 쌓는 것은 피를 깎는 노력이 필요하지만 습관을 잘 쌓아놓으면 이는 나를 이끄는 가장 강력한 무기가 될 수 있다.

습관 기르기는 마치 강물을 거슬러 헤엄쳐 올라가는 것처럼 힘든 고통의 과정이다. 그 과정에는 포기하고 싶다는 생각이 수백, 수천 번도 더 피어오를 수 있다. 그래서 보통의 사람들은 중도에 포기하고 만다. 안타까운 것은 습관 기르기에 도전하는 당신조차 아마도 중도에 포기하는 보통 사람에 해당할 가능성이 매우 농후하다는 사실이다.

단 3일도 실천하기 힘든데 어떻게 66일을 버텨! 하는 사람들에게도 기쁜 소식이 있다. 이제 보통 사람들도 포기하지 않고 습관 기르기에 도전할 수 있는 과학적 훈련 방법들이 나와 있기 때문이다. 그것은 습관 기르기 훈련에 상벌제를 도입하는 것이다. 즉 그날의 목표를 달성했으면 적절한 보상을 주고 실패했으면 그에 합당한 벌을 주는 것이다.

이를 앞에서 소개한 습관 훈련법 '적두노'에 적용해 보자. 아마도 '적두노'를 조금이라도 실천해 본 당신이라면 수많은 자책에 시달린 경험이 있을 가능성이 높다. 적두노에서는 적는 것을 중시하기에 매일매일 계획을 짜고 평가하는 란이 있다. 그런데 그날의 계획을 실천하지 못하는 날이 부지기수인 사람은 스스로 자책할 수밖에 없다.

여기서 문제는 그날 계획을 실천하지 않았을 때 아무런 제재를 가하지 않는다는 데 있다. 그냥 자책만 하고 끝나버리기에 이것이 매너리즘에 빠지면 이제 포기 상태로 넘어가는 단계가 온다. 이래서는 좀처럼 습관을 기를 수 없다. 만약 그날의 목표 달성에 실패했을 경우 스스로에게 가할 벌을 정해 두어야 한다. 나의 경우 처음에는 '한 끼 밥 굶기'와 같은 가벼운 벌칙을 정했었다. - 나에게 한 끼 굶는 것 정도는 그리 어렵지 않았다. -

그랬더니 벌칙조차 지키지 않는 것이 아닌가. 그때 인간이 얼마나 야비한 속성이 있는지 깨달았다. 그래서 스스로에게 주는 벌칙으로는 안 되겠다 싶어 가족들에게 이 사실을 알려 스스로 창피를 당함으로써 반작용을 일으키게 하는 방법을 썼다.

나는 다른 사람의 반응에 민감한 사람이므로 어느 정도 효과가 있었다. 당신도 벌칙을 정할 때 적어도 당신에게 타격을 줄만한 벌칙을 정하는 것이 좋다. 그 방법으로는 당신의 약점을 치게 하는 것이 가장 효과적이다.

다음으로 벌칙보다 더 중요한 것이 보상을 주는 것이다. 만약 당신이 오늘 목표를 훌륭히 달성했다면 그냥 뿌듯한 마음만으로 끝내지 말고 적절한 보상을 줘야 한다. 그때 이 보상이 동기가 되어 다음 목표도 더 열심히 도전할 수 있는 힘을 던져주기 때문이다. 나의 경우 처음에는 내가 원하는 맛있는 것을 먹을 수 있게 했다.

그런데 이건 처음에는 좋았지만 시간이 지날수록 효과가 떨어졌다. 내가 좋아하는 맛있는 음식은 대부분 몸에 좋지 않은 것들이었기 때문이다. 그래서 이 역시 혼자 하는 것보다 가족들의 힘을 빌리는 게 낫겠다 싶어 가족들에게 이 사실을 알리고 칭찬을 받는 방법을 택했다.

그랬더니 탁월한 효과를 발휘했다. 나는 인정을 받고 싶은 욕구가 강한 사람이었기에 그랬다. 따라서 보상을 주는 방법 역시 그냥 자신의 욕망을 채우게 하는 것보다 자신의 약점을 보완하거나 채워 줄 수 있는 방법을 택하면 보다 나은 효과를 볼 수 있다.

적두노 행동습관 훈련

이상의 지식을 바탕으로 이제 부자들의 사소한 행동습관 훈련도 시도해 보자. 다음에 내가 따르고 싶은 부자들의 사소한 행동습관을 적어보자.

따르고 싶은 행동습관 〈예〉

- 돈을 아끼고 귀하게 대한다.
- 타인의 평가보다 스스로 자신의 평가에 더 신경 쓴다.
- 정리정돈을 잘한다.
- 목표를 작게 세우고 꼭 성취한다.

습관 실천표(월간 주간)

주차	구체적 계획
월간 목표	〈예〉 - 부자들의 행동에 대한 깊은 지식 공부를 한다. 　부자들의 다음 행동을 나도 습관으로 만든다. - 돈을 아끼고 귀하게 대한다. - 타인의 평가보다 자신의 평가에 더 신경 쓴다. - 정리정돈을 잘한다. - 목표를 작게 세우고 꼭 성취한다.

1주차 (일~ 일)	– 부자들의 행동에 대한 깊은 지식 공부를 한다. 부자들의 다음 행동을 나도 습관으로 만든다. – 돈을 아끼고 귀하게 대한다.
2주차 (일~ 일)	– 부자들의 행동에 대한 깊은 지식 공부를 한다. 부자들의 다음 행동을 나도 습관으로 만든다. – 돈을 아끼고 귀하게 대한다. – 타인의 평가보다 자신의 평가에 더 신경 쓴다.
3주차 (일~ 일)	– 부자들의 행동에 대한 깊은 지식 공부를 한다. 부자들의 다음 행동을 나도 습관으로 만든다. – 돈을 아끼고 귀하게 대한다. – 타인의 평가보다 자신의 평가에 더 신경 쓴다. – 정리정돈을 잘한다.
4주차 (일~ 일)	– 부자들의 행동에 대한 깊은 지식 공부를 한다. 부자들의 다음 행동을 나도 습관으로 만든다. – 돈을 아끼고 귀하게 대한다. – 타인의 평가보다 자신의 평가에 더 신경 쓴다. – 정리정돈을 잘한다. – 목표를 작게 세우고 꼭 성취한다.
5주차 (일~ 일)	– 부자들의 행동에 대한 깊은 지식 공부를 한다. 부자들의 다음 행동을 나도 습관으로 만든다. – 돈을 아끼고 귀하게 대한다. – 타인의 평가보다 자신의 평가에 더 신경 쓴다. – 정리정돈을 잘한다. – 목표를 작게 세우고 꼭 성취한다.

습관 실천표(일간)

날짜	구체적 목표 (하루에 행동 습관과 관련된 행동 1개 이상 반복하기)	평가
1		
2		
3		
4		
5		
6		
7		
8		
9		
10		

11		
12		
13		
14		
15		
16		
17		
18		
19		
20		
21		
22		
23		
24		
25		
26		
27		
28		
29		
30		
31		

부자들의 사소한 행동습관 계획표에서 목표 달성에 실패했을 때의 벌칙과 목표 달성에 성공했을 때의 보상에 대하여서도 기록해 두고 반드시 이를 적용해 보라. 보다 효과적인 습관 훈련을 할 수 있게 될 것이다.

핵심마인드맵

Talk episode 4 부자들의 사소한 행동 습관 훈련

핵심 생각 습관 정리

1. 세상의 모든 일은 습관화되지 않으면 중도포기하게 되어 있다.
2. 바른 노력은 절대 배신하지 않는 법이다. 그른 노력이 배신하는 것이지.
3. 습관이란 편리해지기 위한 내 몸의 자연 반응이다.
4. 습관이 형성되기 위해서는 적어도 66일 동안의 반복행동이 있어야 가능하다.

나의 대안

1. 하나의 습관은 만 번 이상의 반복 연습 결과로 만들어진 것이다.
2. 습관을 쌓는 것은 피를 깎는 노력이 필요하지만 습관을 잘 쌓아놓으면 이는 나를 이끄는 가장 강력한 무기가 될 수 있다.

3부

돈을 버는 습관과 성격

01

왜 돈을 버는
습 관 이
필요할까?

내가 모르는 사소한 습관부터
시작해야 한다

Episode 1

세 살 습관
여든까지

사소한 습관의 무서움

오늘 브라질의 아름다운 꽃밭을 날던 나비의 아주 작은 날개 짓
이 미국 플로리다의 휘몰아치는 허리케인으로 변한다는 이야기가
있다. 바로 나비효과다. 플로리다 허리케인 문제를 해결하는 가장
좋은 방법은 브라질 나비의 작은 날개짓을 멈추게 하는 것이다.
이것은 사소함이 갖는 힘의 중요성을 여실히 보여주는 대목이다.

옛날, 사나운 성격으로 살인을 한 사형수가 있었다. 드디어 사형수가
사형에 처해지던 날, 사형 집행관이 물었다.

"마지막으로 소원이 있는가?"

"…. 어머니의 젖꼭지를 빨고 싶습니다."

234 —

사형수의 마지막 소원이 하도 엉뚱했으므로 사형 집행관은 고개를 갸우뚱했다. 하지만 사형수의 마지막 소원은 무조건 들어주는 관습이 있었으므로 곧 어머니를 불러왔다. 사형수는 어머니를 보자마자 왈칵 눈물을 터트리며 끌어안았다.

"마지막으로 이 어미 젖꼭지를 빨고 싶었다며?"

어머니는 아들에게 이미 늙어 주글주글해진 젖꼭지를 내주었다. 사형수는 눈물범벅이 된 채 조용히 어머니의 젖꼭지를 빨았다. 바로 그 순간이었다.

"으악!" 하는 비명소리와 함께 어머니가 한 발짝 뒤로 물러섰다. 사형수가 어머니의 젖꼭지를 피멍이 들 정도로 사납게 깨물었기 때문이다.

"어릴 적 버릇이 여전하구나!"

어머니는 아픈 젖꼭지를 주무르며 이렇게 말했고 곧 사형수는 씁쓸히 사형에 처해졌다.

-전주 서문교회 김승연 목사님의 칼럼 중에서-

위의 이야기가 팩트일 가능성은 낮아 보이나 '사소한 습관'이란 측면에서는 많은 것을 시사한다. 사형수는 어렸을 적부터 '사나운 버릇'이 있었다. 하지만 어머니는 이를 사소한 것으로 치부해 버리고 아이의 버릇을 고치기 위한 노력을 하지 않았다. 만약 어머니가 이때부터 아이의 버릇을 고치기 위해 노력했다면 오늘날 아이는 사형수가 되지 않았을 수도 있다.

이와 관련하여 요즘 일어나는 패륜 사건들을 보노라면 이건 말세다, 라는 느낌이 꽉 찰 정도로 소름끼치는 것들이 대부분이다.

사람들은 이런 사건들을 지켜보며 '저건 인간이 아니야' 하며 소름을 느끼지만, 나는 사소한 습관의 무서움을 본다. 오늘날 사회에서 끔찍한 사건을 일으키는 대부분의 가해자들이 과거 사소한 습관을 바로 잡지 못해 그 습관이 점점 커지고 커져 오늘날 잔혹한 범죄의 주인공이 되어 있을 가능성이 매우 크다고 바라본다.

'저 범인은 왜 저런 짓을 벌이게 됐을까?'

역으로 추적해 들어가 보면 아마도 그는 사건의 대상이나 사회에 대한 분노가 관영해 있었을 것이다. 분노가 그 정도로 꽉 차서 넘칠 정도라면 그 분노의 역사는 제법 오래 됐을 터고, 그 역사의 역사를 거슬러 올라가 보면 아마도 어렸을 적 아주 작은 사소한 습관부터 그의 분노가 시작되었을 가능성이 매우 크다. 사소한 습관의 무서움을 최초로 인식하는 지점이다.

세계 최고도 사소함에서 시작되었다

세계 최고의 부자로 손꼽히는 워런 버핏, 그가 아직 초등학교도 들어가기 전 그의 집 거실에는 주식 관련 책들이 어지러이 널려 있었다. 버핏의 아버지가 주식 중개인 일을 하고 있었기 때문. 꼬마 버핏은 주섬주섬 주식 관련 책을 집어 들고 읽어나가기 시작한다. 아버지는 그런 버핏을 말리지 않는다. 그렇게 버핏은 그때부터 책을 읽는 작은 습관이 생기기 시작했다. 버핏의 독서 습관은 열여섯 살이 되었을 때 이미 수백 권의 책을 독파할 정도가 되기에 이른다.

이후 버핏의 독서량은 보통 사람의 5배가 넘는다 할 정도로 축적되어 간다. 버핏의 관심은 사업에 있었기에 그의 독서 대상은 대부분 사업 관련 책들이었다. 그렇게 버핏에게 축적된 사업 지식 또한 무시할 수 없을 것이다.

이 같은 결과로 버핏이 남다른 사업 감각을 발휘할 수 있었던 에너지의 상당 부분이 독서에서 나왔을 가능성은 충분하다. 즉 독서라는 최초의 사소한 습관이 나비의 날개짓이 되어 세계 최고의 갑부라는 태풍을 불러일으켰다.

사실 여기서 주목할 사소한 습관은 독서 습관이 아니다. 아마도 그동안의 성공서들은 많은 성공자들이 좋은 독서 습관을 가졌으니 이제 당신도 독서를 시작하라고 역설할 것이다. 하지만 모든 성공자들이 좋은 독서 습관을 가진 것은 아니니 이를 일반화할 수는 없다. 성공=독서가 아니란 이야기다. 몇몇 성공자들 중에는 책과는 거리가 멀다고 말하는 이들도 제법 있다.

여기에서 주목할 것은 '관심 분야를 파고드는 사소한 습관'임을 잊지 말라. 어떤 일에 대하여 사소하다 생각하면 그것은 사소한 것으로 끝나버리지만 그게 '관심 분야의 사소한 습관'이 될 때는 무서운 힘을 발휘한다는 뜻이다. 나는 버핏이 단지 독서 습관 때문에 세계적인 사업가가 될 수 있었다고 생각하지 않는다. 버핏은 사업에 관해 타고난 재능과 흥미가 있었고 이 재능과 흥미를 지속적으로 추구하다보니 그게 '관심 분야의 사소한 습관'이 되어 무서운 힘을 발휘할 수 있었던 것이다.

이처럼 '관심 분야의 사소한 습관'은 나중에 무서운 힘을 발휘하는 성질이 있다. 만약 당신의 관심이 '부'에 있다면 이제부터 해야 할 것은 부에 대한 사소한 습관을 만들어나가는 것이다. 이때 중요한 것은 '관심 있는 분야의 습관'을 만들어나가야 한다는 것이다. 내가 하기 힘든 분야의 습관이 아니라 내가 좋아하는 분야의 습관이다. 그래야 습관이 만들어질 수 있기 때문이다.

부자가 되기 위해 독서하는 습관이 중요하지만 내가 싫어하는 책을 읽는 습관을 만드는 것은 힘도 들 뿐 아니라 효과적이지도 못하다. 만약 내가 책 읽는 것은 싫어하지만 사람 만나는 것을 좋아한다면 독서 습관 대신 강의 같은 것을 지속적으로 찾아다니는 것이 더 낫다.

'관심 분야의 사소한 습관'을 나에게 적용한다면 할 수 있는 아주 작은 것부터 실천해 나가는 것이 중요하다. 사실 사소한 습관은 어릴 적부터 익혀 나가는 것이 중요하므로 내 아이가 있다면 아이의 관심 분야에 대한 사소한 습관을 만들어주는 것도 좋은 방법이다.

Episode 2
중요한 습관의 시작은 사소한 습관에서

바늘 도둑 소도둑 된다

가난한 집에 한 소년이 살고 있었다. 어느 날 소년은 바닷가에서 놀다가 물새알을 발견하고는 어머니께 갖다 드렸다. 그러자 어머니가 아주 칭찬하시며 물새알을 맛있게 요리해 주셨다. 신이 난 소년은 다음 날도 물새알을 찾아 어머니께 갖다드렸다.

그렇게 얼마가 지나자 더 이상 물새알은 찾을 수 없게 되었다. 소년은 고심 끝에 이웃집 달걀을 훔쳐다 어머니께 갖다드렸다.

그러자 어머니는 이번에도 소년을 칭찬하며 달걀을 맛있게 요리해 주셨다. 더욱 신이 난 소년은 툭하면 이웃집 달걀과 오리알을 훔쳐다 어머니께 갖다드린다.

이 이야기의 끝은 교수대다. 이 소년은 결국 점점 큰 도둑이 되어가면서 결국 살인까지 저질러 사형수가 되기에 이른다. 교수대에서 이슬로 사라져가며 소년이 남긴 마지막 말은 "그때 달걀을 훔쳤을 때 어머니가 나를 야단쳐 주었더라면…."이었다 한다.

나쁜 습관은 그대로 놔두면 자연스레 공룡처럼 커져간다. 이것이 습관의 속성이다. 즉, 습관이란 아주 작은 것부터 시작하여 만들어지고 그 작은 것이 쌓이고 쌓여 큰 습관으로 만들어지는 성질이 있다. 마치 작은 눈을 뭉쳐서 만든 눈덩이를 눈밭에 굴리면 점점 커다란 눈덩이가 되어가는 것처럼.

아이러니한 것은 좋은 습관의 경우 나쁜 습관처럼 자연스럽게 만들어지지가 않는다는 사실에 있다. 강제적 물리력을 가해야 겨우 만들어진다. 하지만 좋은 습관 역시 습관의 속성에서 크게 벗어나지 않음을 주목해야 한다. 즉 좋은 습관도 처음 작은 눈에서 시작하여 점점 커져나가는 눈덩이와 같은 성질을 갖는다는 것이다. 그 공식을 수학적으로 표현해 보면 다음과 같다.

작은 습관+작은 습관+작은 습관… = 큰 좋은 습관

내가 부자 되는 습관을 갖고자 한다면 부자들의 사소한 작은 습관 하나부터 시작해야 한다. 이 사소한 습관들이 쌓여 결국 부자의 자질을 갖추는 큰 습관이 만들어질 수 있다는 것이다.

사소한 말 한마디로 천 냥 돈을 번다

〈희망을 끓이는 남다른 감자탕 이야기〉의 저자 이정열 대표는 찢어지게 가난한 집에서 자랐다. 어쩔 수 없이 일찍 군대를 다녀온 이 대표는 살 곳이 없어 어머니와 함께 작은 형 집에 얹혀 살게 되었다. 그런데 어느 날 작은 형이 나가라 한다. 좁은 집에서 형수도 불편해 하고… 더 이상 함께 살 수가 없다는 이유 때문이었다.

그렇게 쫓겨나다시피 집을 나온 이 대표는 정처 없이 떠돌다 남산으로 올라갔다. 그 남산의 정상에서 이 대표는 자신도 모르게 갑자기 목이 찢어져라 울분을 토해낸다.

"두고 봐라. 내가 10년 안에 꼭 100억을 벌고 말테니!"

정말 집도 절간도 없는 사람의 입에서 나온 말일까, 의심될 정도로 엉뚱한 말이 아닐 수 없다. 하지만 이 대표는 정말 간절한 열망에서 이 말을 쏟아냈다. 그는 반드시 100억을 벌어 어머니를 모시고 살고 싶었기 때문이었다.

이후 놀라운 일이 일어났다. 정말 이 대표는 몇 년 후 100억 자산가가 되었기 때문이다. 그는 정말 열심히 일해 돈을 모았고 하고 싶었던 남다른 감자탕집 프랜차이즈 사업으로 100억 자산가가 될 수 있었다.

이 대표의 일화에서도 나는 사소한 습관을 본다. 그의 사소한 습관은 바로 '꿈을 담은 긍정적 말'이다. 에이 긍정적인 말 한 마디가 뭐 그리 대단한 힘을 발휘할까, 하고 모두가 비웃을 수도 있겠지만, 그건 말의 힘을 모르는 사람들의 이야기다. 말 한 마디로 천 냥 빚을 갚는다는 속담도 있지 않은가.

사실 이 대표는 이전까지 부정적 말을 일삼으며 살았다. 하지만 최고 밑바닥의 환경이 그를 긍정으로 돌아서게 했다. 놀랍게도 이후 이 대표는 긍정의 말로 일관된 삶을 살아간다. 긍정의 말이 굳어져 습관이 된 것이다. 긍정적 말 한마디가 비록 사소할 수 있지만 이게 사소한 습관이 된다면 이야기가 달라진다. 무서운 힘을 발휘하기 때문이다.

이 대표는 이후 긍정의 말로 사람들을 대한다. 긍정의 말은 긍정의 에너지를 뿜어낸다. 더욱이 간절한 꿈이 담긴 긍정의 말은 엄청난 긍정의 에너지를 뿜어낸다. 두 배의 긍정 에너지를 받은 이 대표의 힘이 두 배로 배가될 것은 당연지사다.

이 대표는 이처럼 사소하지만 작은 습관으로 큰 성공을 일궈내고 큰 부자가 된다. 현재는 코스닥 상장을 꿈꿀 만큼 제법 커다란 기업의 대표가 되어 있기 때문이다.

분명히 기억해야 할 것은, 큰 성공의 시작이 작은 습관부터라는 사실이다. 작은 말 한마디, 작은 생각, 사소한 행동 하나에서부터 시작해 이것이 습관으로 굳어질 때 비로소 큰 힘을 발휘하는 에너지로 작동한다는 사실이다.

Episode 3

내가 놓치는
사소한 습관들

모르고 지나치는 사소함의 중요성

사소한 것은 사소하기에 모르고 지나칠 경우가 많다.

문득 거울을 보며 고민하는 아내에게 던지는 말 한 마디, 학교 다녀온 아이에게 던지는 말 한 마디, 무심코 길바닥에 버리는 쓰레기, 아무 생각 없이 쇼핑에 쓰는 돈, 쓸데없이 스마트폰이나 하며 낭비하는 시간 등….

이런 것들은 아주 사소하기에 우리는 그냥 아무 생각 없이 저지르고 지나쳐버린다. 하지만 이런 사소함에 성공자와 실패자, 부자와 빈자, 행복자와 불행자가 나뉜다는 사실을 알면 소스라치게 놀란다.

시집살이에 체중이 늘은 아내가 거울을 보며 고민하고 있는데 거기다 대고 "어휴, 관리 좀 해라, 관리." 하고 말해 버린다면 아내의 자존심은 구겨진다. 이는 곧 부부관계의 악화로 이어지며 비용을 치러야 한다.

만약 반대로 "그래도 당신은 여전히 아름다운 데가 있어."라고 말해 준다면 어떨까? 아내의 자존심도 세워 주고 남편도 덩달아 좋은 대접을 받으므로 두 사람 모두에게 이익을 가져다준다.

학교 다녀온 아이에게 "오늘 공부 열심히 했냐?"하고 한다면 만약 열심히 공부하지 않은 아이는 거짓말을 해야 하는 상황에 몰린다. 하지만 "오늘도 정말 수고 많았다."라고 말해준다면 아이는 큰 위로를 받을 것이다. 학교생활이란 것도 만만찮기 때문이다.

이처럼 사소한 말도 긍정적 습관을 들인다면 이익이 돌아올 것이요, 부정적 습관을 들인다면 막대한 비용을 치러야 할 것이다. 경제적으로 이익을 선택하는 것이 옳은지 비용을 선택하는 것이 옳은지는 더 이상 말하지 않아도 모두가 알고 있지 않은가.

이런 사소한 일의 문제는 말뿐만 아니라 사소한 행동, 돈 쓰는 일, 시간을 보내는 일에도 그대로 적용된다. 무심코 길거리에 버린 쓰레기가 뭐 그리 대수일까, 생각하겠지만 앞에서도 이야기했듯 부정적 에너지는 반드시 반사되어 되돌아와 나를 치게 되어 있다.

시간을 보내는 일도 쓸데없이 시간을 보내고 나면 벌써 내 마음 에너지가 알아차리고 불편한 마음을 준다. 하지만 보람된 시간을 보내고 나면 왠지 뿌듯한 느낌을 주어 새로운 활력소로 작동한다.

성공자나 부자나 행복한 자들은 바로 이런 사소한 말과 행동과 시간을 사용하는 데 있어 보통 사람들과는 다른 데가 있다. 이것이 바로 그들만의 사소한 습관이다.

세상은 공평하게도 아무에게나 성공이나 부, 행복을 가져다주지 않는다. 반드시 사소하지만 긍정적인 습관을 가진 자들에게 이런 축복을 던져주는 것이다.

모르고 지은 죄와 알고 지은 죄

당신은 모르고 지은 죄와 알고 지은 죄 중 어느 것이 더 나쁘다고 생각하는가? 아마도 열이면 열 다 알고 지은 죄가 더 나쁘다고 이야기할 것이다. 하지만 진실은 정반대다.

한 제자가 부처에게 물었다.

"알고 지은 죄와 모르고 지은 죄 중 어느 것이 더 무겁습니까?"

"모르고 지은 죄가 더 크니라."

제자는 의외의 대답에 머뭇거리며 그 이유를 물었다. 이에 부처가 온화한 미소로 대답했다.

"알고 지은 죄는 죄가 무엇인지 알고 있으니 개선의 여지가 있으나, 모르고 지은 죄는 죄가 무엇인지도 모르니 개선의 여지가 없기 때문이니라."

아마 이 예화가 주는 의미를 아직까지 헷갈려 하는 사람이 있다. 아무리 생각해도 알고 지은 죄가 더 커 보이기 때문이다. 실제

법에서도 알고 지은 죄의 형량이 모르고 지은 죄의 형량보다 훨씬 무겁다. 만약 계획적으로 살인을 했다면 무기징역까지의 형을 받으나 우발적으로 살인을 했다면 징역 10년 이내의 비교적 약한 형을 받는다.

하지만 좀 더 깊이 들여다보면 모르고 지은 죄가 훨씬 큰 문제가 있음을 알 수 있다. 사실 세상 모든 범죄의 발원지가 바로 모르고 지은 죄에 원인이 있기 때문이다.

어느 아동 성범죄자가 있었다. 그는 피해자 부모에게 다음과 같은 의미심장한 말을 남긴다.

"당신이 아이를 버렸기에 그 아이가 나에게로 온 것이다."

이는 무엇을 뜻할까? 사실 그 아이는 부모에게 사랑을 받지 못하고 자란 아이였다. 동시에 그 범죄자 역시 어린 시절 가정폭력이 심한 환경 속에서 사랑을 받지 못하고 자란 피해자였다. 결국 범죄자는 성격이 비뚤어져 갔고 처음에는 가벼운 성범죄에서 시작한 것이 점점 발전하여 결국 아동 성범죄자 되기에 이른 것이다.

여기에서 모르고 지은 죄란 바로 성범죄자가 지은 죄의 원인이 된 가정폭력과 같다. 우리는 가정불화, 가정폭력 등이 죄인지도 모르고 살아간다. 그래서 가정불화, 가정폭력은 끊이지 않는다. 만약 이것을 사회적 죄로 인식하여 법에 정해두었다면 아마도 가정불화, 가정폭력은 현저히 줄어들 것이다.

이처럼 모르고 짓는 죄는 이제 눈덩이처럼 불어나 법으로 규정한 사회적 범죄로까지 발전한다. 죄의 속성이 눈덩이처럼 불어나는 습관의 속성과 같기 때문이다. 현재 청소년 범죄자의 70%가 파탄된 가정에서 자랐다고 하는 것도 이에 대한 방증이 된다.

모르고 지은 죄의 문제는 이것을 죄로 인식하지 않기에 마구 저지르고 또 아무런 죄책감도 느끼지 않는다는 데 있다. 하지만 모든 사회적 범죄의 발원지는 바로 이 모르고 지은 죄에 있다는 사실을 알 때 진짜 모르는 죄의 무서움이 도사린다.

사회적 범죄는 이것이 죄라는 것을 알기에 특정 범죄자가 아니라면 거의 짓지 않고 살아간다. 그래서 보통 사람에게는 큰 문제가 되지 않는다.

하지만 앞에서 이야기한 가정이나 학교에서 불화의 원인이 되는 미움, 분노, 시기, 탐욕 등과 같은 모르는 죄는 죄로 인식하지 않기에 누구나 마구 저지르며 살아간다. 모든 사람들이 이 죄를 일삼으며 사는 것이다.

반드시 알아야 할 것은 모든 사회적 범죄의 뿌리에 바로 미움, 분노, 시기, 탐욕 등이 있다는 사실이다. 모든 범죄는 바로 이것들에서 싹이 트고 줄기를 뻗고 잎과 열매를 맺는다.

따라서 이런 사회적 범죄를 막는 근원은 법으로 심판하여 감옥살이를 시키는 데 있지 않고 모르는 죄, 즉 미움, 분노, 시기, 탐욕 등의 뿌리를 뽑는 데 있다. 이제 당신은 부처가 모르고 짓는 죄가 더 크다고 한 이유를 알겠는가.

내가 모르는 사소한 습관부터 시작해야 한다

앞에서 장황히 모르고 지은 죄에 대한 무거운 이야기를 한 이유는 모르고 지은 죄가 사소한 습관과 긴밀히 연결되어 있기 때문이다.

모르는 죄는 모르기에 마구 짓고 사는 것처럼 사소한 습관은 사소하기에 습관으로 여기지 않아 잘 지키려 하지 않는다. 또는 나쁜 습관 중 사소한 것은 사소하기에 마치 모르는 죄처럼 마구 저지르고 살아간다. 하지만 모르는 죄가 더 중요한 것처럼 어쩌면 사소한 습관이 큰 습관보다 더 중요할지도 모른다.

단언컨대 큰 습관을 잡고자 한다면 사소한 습관부터 시작해야 한다. 바로 큰 습관에 도전하면 백전백패할 가능성이 매우 높다. 물론 예외는 있다. 만약 당신이 지금 어떤 불타오르는 꿈을 꾸고 있다면 이는 매우 큰 동력으로 작동할 수 있다. 이때는 조금 큰 습관에 도전해도 된다. 예를 들면 수면습관이나 독서습관 등이 그것이다. 이는 우리의 건강이나 성공과 직결되는 부분이기에 사소한 습관의 영역을 벗어나는 부분이다.

놓치는 사소한 습관들

너무 사소했기 때문일까? 그 당시에는 몰랐다. 앞에서도 이야기했듯, 생각하는 것들, 말하는 것들, 행동하는 것들, 돈 쓰는 것들… 이런 사소한 것 하나하나가 정말 중요한 습관들인데 나는 이런 것들은 방치한 채 그저 큰 습관에만 매달리며 근 10여 년의 세월을 허비했다. 그동안 내가 도전했던 큰 습관들을 열거하면 앞에서 이야기했던 수면습관, 독서습관 외에도 식습관, 운동습관, 대인관계습관… 등 무수히 많았다. 하지만 결과적으로 대부분 실패했거나 답보상태에 빠져 있다. 노력하면 바뀔 줄 알았지만 그게 쉽게 바뀌지 않았다. 습관 도전의 실패는 누구나 그렇듯 꿈을 향해 가는 나의 길에 커다란 장애물로 작동했다.

그러던 어느 날 습관이 세월의 두께를 가지고 있다는 어느 강의를 듣고 정신이 번쩍 들었다. 하나의 습관은 겹겹이 쌓여 이루어진 것으로 두께를 가지고 있다는 것이다. 오늘 하나 벗겼다고 습관이 고쳐진 것이 아니며 그 두께를 완전히 벗겨낼 때 습관이 고쳐질 수 있다.

이미 만들어진 습관에 두께가 있다면 마찬가지로 새로운 습관을 만들 때에도 하나하나 새로운 두께를 만들어가야 한다. 예를 들어 독서습관을 큰 습관이라고 했을 때 이 독서습관의 두께를 만들기 위해 해야 할 사소한 습관들이 무수히 있다. 그냥 무대뽀로 책을 읽는 것은 비효율적이며 우매한 방법이다.

독서습관을 갖기 위해 왜 독서를 해야 하는가에 대한 생각습관을 만들어야 한다. 생각습관이란 그 생각으로 굳어지는 것을 뜻한다. 이런 생각습관을 갖기 위해 독서의 유익에 관련된 무수한 책을 읽거나 강의를 들어야 한다.

그리고 말을 할 때도 독서와 관련하여 긍정적 말을 하는 습관이 중요하다.

"에이, 난 책 읽는 게 너무 힘들어."

이렇게 부정적인 말을 던져놓고 보면 부정적인 에너지가 돌아와 독서습관을 방해하게 된다.

이 외에도 독서습관을 기르기 위한 사소한 행동에도 신경 써야 한다. 예를 들어 자신이 어떤 상태에서 독서할 때 가장 책이 잘 읽히는지 파악하여 그 행동을 반복하는 것이다. 나의 경우 좀 괴짜이긴 한데 목욕하면서 책을 읽거나 산책하면서 책을 읽을 때 책에 집중이 가장 잘 된다.

한편, 어떤 경우에는 돈 쓰는 습관이 독서습관을 만드는 데 방해가 될 수도 있다. 예를 들어 책 사는 데 쓰는 돈을 너무 아까워한다면 좋은 책을 많이 읽을 수 없다. 사실 대부분의 사람들은 자신이 가치 있다고 여기는 것에 돈을 쓰는 습관이 있기 때문에 이를 극복하기 위해서는 돈에 대한 개념을 다시금 정립할 필요가 있다.

어떤 습관 하나를 만들기 위해서는 이처럼 사소한 부분의 습관 형성도 중요함을 인식해야 한다. 만약 당신이 어떤 습관에 도전하는데 잘 되지 않고 있다면 내가 놓치고 있는 사소한 습관이 뭐가 있을까, 검토해 보는 것도 좋은 방향 개선이 될 것이다. 나의 경우 사소한 생각(Think), 말(Talk), 행동(Act) 등에서 답을 찾으려 노력하고 있다. 이른바 부자들의 사소한 돈 버는 습관 TTA라하기이다.

돈 을   버 는
성 격   돈 을
못 버 는 성 격

성격,

얼마든지 수정될 수 있다

Episode 1

성격도
습관이다

내 몸에 밴 든버릇난버릇

버릇이란 순우리말로 여러 번 되풀이함으로써 저절로 굳어진 행동이나 성질을 뜻한다. 이는 우리가 익히 아는 습관의 뜻과 일맥상통하는 것처럼 보인다. 하지만 습관은 한자어로 익힐 습習에 버릇 관慣 자를 쓴다. 즉, 익히어 버릇이 된 것을 습관이라 한다. 이렇게 보면 버릇과 습관에는 미세한 차이가 보인다.

즉, 버릇이 저절로 굳어진 의미가 강하다면 습관은 익혀서 굳어진 의미가 더 강하다. 그래서 우리는 주로 나쁜 습관에 대하여서는 버릇이라는 단어를 익숙히 쓰고 좋은 습관에 대하여서는 습관이란 단어를 즐겨 쓴다. 왜냐하면 일부러 익혀서 나쁜 습관을 만들지는 않기 때문이다.

버릇과 습관의 이런 미세한 차이를 알았다면 이제 버릇에 대하여 좀 더 파고 들어가 보자. 왜냐하면 사실 우리가 오늘날 아무리 부자가 되는 좋은 습관을 기르려 해도 그것을 가로막는 근본적인 벽이 있으니 바로 버릇이기 때문이다.

버릇을 좀 더 파고들어 보면 든버릇난버릇이란 말이 있다. 이는 이미 몸에 들어버린 버릇(든버릇)과 아예 태어날 때부터 몸에 가지고 나온 버릇(난버릇)을 합친 말로 이미 내 몸처럼 되어버려 절대 고칠 수 없는 버릇을 뜻하는 말이다.

사람에게는 누구나 이런 든버릇난버릇이 있다. 어쩌면 이것이 그 사람의 미래를 결정할 만큼 강력한 에너지를 작동한다. 세 살 버릇 여든 간다는 말처럼 어릴 적 든버릇난버릇이 그의 평생을 좌우하기 때문이다.

나의 든버릇난버릇을 예로 들면 타인의 평가를 지나치게 의식하는 게 있다. 또 소심한 마음, 열등감, 내성적 성격 등도 나를 옥죈다.

어떤 사람은 화가 나면 눈에 보이는 게 없어지는 든버릇난버릇이 있다. 또 어떤 사람은 자존심에 상처를 입으면 심하게 우울감에 빠지는 든버릇난버릇이 있다. 또 어떤 사람은 지나치게 상대에게 집착하는 든버릇난버릇이 있다.

개그맨 이봉원 씨는 어릴 적 매우 내성적 성격이었다. 개천가에 있는 아주 가난한 집에서 자랐기에 열등감도 이만저만이 아니었다. 사람들이 조금만 모여 들어도 숨어 버리고 혹 사람들 앞에 말

할 기회가 생겨도 거의 말을 하지 않았다. 이봉원 씨는 이런 성격으로는 아무 것도 할 수 없겠다는 생각을 했다. 무엇보다 자신 스스로가 하루하루 버텨나가기 너무 힘들었다. 그래서 고치려 노력도 해봤지만 쉽지 않았다. 이봉원 씨에게는 바로 이 성격이 든버릇난버릇으로 자리 잡고 있었기 때문이다.

내 지인의 과거 남편은 아내를 의심하는 버릇이 있었다. 하루는 지인이 가게에 물건을 사러갔는데 젊은 점원이 웃으면서 물건을 건네는 장면을 지인의 과거 남편이 목격했다. 남편은 그 자리에서 격노했으며 젊은 점원에게 폭력을 휘둘렀다. 결국 지인은 하루가 멀다 하고 벌이는 남편의 행동을 견디지 못한 채 씁쓸히 이혼 서류에 도장을 찍어야 했다.

부정적 성격도 든버릇난버릇이다

아마도 위에 열거한 것들을 버릇이라 여기지 않은 사람도 있을 수 있겠다. 내면의 부정적 감정에 의해 형성된 성격으로 생각해왔기 때문이다.

물론 위의 예들이 부정적 성격에 해당하는 것이 맞긴 하지만 그 근본 모양은 든버릇난버릇이란 이야기다. 아마도 위의 예 중 성격적 부분에 해당하는 것은 날 때부터 가지고 나온 난버릇일 가능성이 높고 감정, 정서적 부분에 해당하는 것은 살아가면서 환경에 의해 형성된 든버릇일 가능성이 높다.

이유를 막론하고 중요한 것은 이런 부정적 정서나 성격의 근본이 절대 고칠 수 없는 든버릇난버릇에 있다는 사실일 터다. 예로부터 사람은 절대 바뀌지 않는다고 이야기한 이유도 바로 여기에 있다. 든버릇난버릇이 되어 내 몸의 일부가 돼 있기에 절대 고칠 수 없는 것이다.

부정적 성격의 문제는 이것이 인간관계에 갈등을 일으키고 나 스스로에게도 자존감을 무너뜨리는 주범으로 작동한다는 데 있다. 그러니 이 부정적 성격을 건드리지 않고 사회에서 성공하기란 쉽지 않다. 이 책의 주제로 삼는 부자가 되는 것도 마찬가지다.

부자가 되기 위해서는 인간관계를 잘 해야 하고 그러기 위해서는 남들에게 좋은 인상을 심어줘야 하는데 이런 부정적 성격으로는 도대체 좋은 영향을 주기 힘들다. 그래서 부정적 성격과 관련된 든버릇난버릇의 문제는 중요한 주제로 떠오를 수밖에 없다.

네트워크 마케팅 모임에는 부자가 되고파 꿈꾸는 자들이 득실거린다. 그들은 열심히 모임에 참석하여 교육도 받고 실제 제품을 써보는 경험도 한다. 그들은 부자가 되고픈 꿈이란 열정의 에너지 때문에 눈빛이 살아 있고 누구보다 열심히 살려 노력한다.

하지만 안타깝게도 그들 중 거의 1% 정도만이 부자의 반열에 오른다. 나머지 99%는 모두 중도에서 탈락한다. 왜 이런 결과가 나타날까? 물론 다른 여러 가지 이유가 있겠지만 내가 보기에 든버릇난버릇의 문제가 가장 크다고 생각한다.

나 역시 실제 네트워크 마케팅 모임에 참석한 경험이 있다. 친구의 권유로 어느 네트워크 마케팅 모임에 나가게 되었는데 그곳에서 모임의 대표를 만날 수 있었다.

부부였는데 매우 소박하고 겸손해 보이는 인상이었다. 그들은 당시 네트워크 사업의 전체 조직에서 상위 레벨에 해당하는 다이아몬드로 2004년 당시 연봉 1억 이상을 벌고 있었다.

모임에는 나도 다이아몬드가 되겠다며 꿈꾸는 사람들이 득실거렸다. 그러나 소위 네트워크 마케팅이란 게 다단계 조직으로 자기 아래에 동업할 수 있는 사람들의 인간 피라미드를 만들어야 비로소 성공할 수 있는 구조였다. 단지 물건을 많이 판다고 되는 게 아니었다. 이를 위해서는 자신과 뜻을 같이 할 수 있는 사람들을 얼마나 끌어들이느냐가 관건이다.

시간이 지나면서 모임에는 하나둘 떨어져 나가는 사람들이 생겨나기 시작했다. 결국 네트워크 마케팅이란 게 인간관계를 잘 맺어야 하는 일인데 서로 갈등이 생겨 찢어지거나 아니면 아예 자기 사람들을 끌어들이지 못해 그만 두는 사람들이 대부분이었다.

나 역시 당시 인간관계가 넓지 못했다. 처음에는 가까운 지인들을 끌어들여 어느 정도 성장할 수 있었으나 조금 더 시간이 지나자 내 인간관계는 곧 바닥을 보이고 말았다. 그렇게 나도 그 모임에 더 이상 나갈 수 없는 처지가 되고 말았다.

돌이켜 생각해 보면 이 역시 든버릇난버릇의 부정적 성격 문제와 관련이 깊다는 생각이 든다. 끝까지 버티지 못하고 떠나는 사람들의 원인을 살펴보면 성격적, 정서적 약점이 가장 큰 원인으로 작동함을 알 수 있었다.

끈기가 부족한 사람들, 소심한 사람들, 자존심에 쉽게 상처 입는 사람들, 사교성이 부족한 사람들, 친절하지 못한 사람들 등…. 그들은 이런 성격적 약점 때문에 사람들과 좋은 인간관계를 맺는 데 실패하고 만 것이다. 반면 그때 만난 다이아몬드들을 살펴보면 하나같이 긍정적 성격을 지닌 사람들이었다. 우리 모임의 대표만 해도 이미 외모에서부터 겸손함과 부드러움이 풍겨났다.

사실 그들은 내성적 성격의 소유자였음에도 외적으로는 밝고 긍정적인 에너지를 품어냈다. 다른 다이아몬드들도 마찬가지였다. 그들은 한결같이 긍정적 사고의 소유자들로 사람들을 끌어들이는 기운을 품어냈다.

인간관계에 있어 가장 중요한 것은 그 사람의 능력이나 지위가 아니다. 그보다 그 사람의 인품, 성격, 정서 등이 더 중요한 영향을 끼친다. 그런데 이러한 성격에도 든버릇난버릇이 숨어 있으니 이를 고치지 않고서는 좋은 인간관계 맺기란 참 버거운 일이 되고 만다.

부정적 성격이 든버릇난버릇인 증거는 이것이 내 몸의 일부처럼 착 달라붙어 절대 떠나지 않는 것으로 미루어 짐작할 수 있다. 내 마음에 들어와 버릇처럼 고착화되어 있는 게 나의 성격이다.

그런데 이 성격이 부정적인 것으로 꽉 차 있다면 이 성격이야말로 나의 앞길, 나의 성공, 나아가 나의 행복을 방해하는 가장 해로운 적이 된다.

Episode 2

나를 가난하게
만드는 성격

성격이 운명이다

또다시 강조하지만, 성공을 향해 가는 사람들이 소홀히 여기는 부분이 있으니 바로 성격이다. 우리네 삶에서 성격만큼 커다란 영향을 주는 게 없다. 오죽하면 서양 속담에 '성격은 운명이다'라는 말이 있겠는가. 이 말의 의미는 그 사람의 성격이 곧 그 사람의 운명을 결정짓는다는 뜻이다.

이런 시각으로 보면 성격은 우리에게 어마어마한 존재로 다가온다. 만약 성격 때문에 내 꿈을 이룰 수 없었다면? 성격 때문에 가난하다면? 성격 때문에 부자가 될 수 없었다면? 성격 때문에 불행하다면? 성격을 대하는 나의 태도가 달라질 것이다.

토머스 하디의 세계명작소설 〈아내를 위하여〉에는 서로 반대되는 두 성격의 여자와 우유부단한 성격의 남자가 주인공으로 나온다. 에밀리는 정이 넘치고 배려심 깊은 따뜻한 성격인 반면, 친구 조안나는 허영심과 시기, 질투, 자존심이 매우 강한 성격이다.

이 에밀리와 조안나 앞에 훤칠한 외모의 셀드릭이 나타난다. 셀드릭은 에밀리에게 반하고 곧 결혼을 약속하는 사이가 된다. 하지만 이에 질투를 느낀 조안나의 음모로 상황은 역전된다. 조안나와 셀드릭이 결혼하는 사태(?)가 벌어진 것.

조안나는 셀드릭을 사랑하지 않으면서도 오직 시기와 질투심에 결혼한 것이었기에 결코 행복한 미래를 보장할 수 없었다. 셀드릭은 우유부단한 성격으로 좀체 날개를 펴지 못한 채 점점 추락했다.

조안나는 기울어진 가정을 지탱하기 위해 조그마한 가게를 꾸려간다. 그 사이 조안나의 가게 앞 저택에 친구 에밀리가 이사를 온다. 에밀리는 부자 상인과 결혼하여 귀부인이 되어 돌아온 것. 조안나의 시기와 질투심은 극에 달하고… 결국 에밀리를 이기는 방법은 돈을 버는 수밖에 없다. 이에 조안나는 빚을 내 남편과 두 아들을 바다로 내몬다. 하지만 끝내 남편과 두 아들은 바다에서 돌아오지 못하고… 조안나마저 비극적 삶을 맞이한다.

나는 〈아내를 위하여〉를 읽으며 한 사람의 인생에 성격이 얼마나 커다란 영향을 미치는지 절감했다. 사람들은 조안나가 악녀이기에 저런 비참한 결과를 당한다고 생각하겠지만 내 눈에는 조안나야말로 이 소설에서 가장 불쌍한 인물로 보였다. 조안나인들 이런 비극적 삶을 살고 싶었겠는가. 하지만 그녀의 성격이 그녀 삶을 수렁으로 몰아가는 데 조안나도 어쩔 수 없었다.

실제 주변 사람들을 볼 때 어렵게 사는 경우 대부분 성격에 욕심이 많거나 모가 나 있음을 본다. 완벽주의 성격은 그 완벽주의 때문에 어려운 삶을 산다. 우유부단한 성격은 그 우유부단 때문에 어려운 삶을 산다. 성격이 그 사람의 삶을 지배한다. 그래서 성격은 운명이다.

가난을 부르는 성격

이러한 성격 중에는 가난을 부르는 성격도 있다. 다음에 가난을 부르는 성격을 열거하니 혹 자신이 해당되는 부분이 있는지 살펴보라.

- 사치하는 성격
- 게으른 성격
- 우유부단한 성격
- 소심한 성격
- 무절제한 성격
- 놀기 좋아하는 성격
- 지나치게 감정적인 성격
- 남에게 의지하려는 성격

- 끈기가 부족한 성격

- 매사에 불평불만이 많은 성격

- 화를 잘 내는 성격

- 쉽게 상처받는 성격

- 자기 고집이 너무 강한 성격

- 독선적 성격

- 지나치게 잘난 체하는 성격

위의 성격 하나하나에 대하여 왜 가난을 부르는지 궁금할 것이다. 사치하거나 무절제한 성격, 놀기 좋아하는 성격은 돈을 낭비하게 되므로 가난을 부른다.

게으른 성격, 남에게 의지하는 성격은 스스로 돈을 벌지 못하므로 가난을 부른다. 우유부단한 성격, 소심한 성격은 이러지도 저러지도 못하므로 돈을 벌지 못한다. 지나치게 감정적인 성격, 매사에 불평불만이 많은 성격, 화를 잘 내는 성격, 쉽게 상처받는 성격은 주변 사람들을 힘들게 하여 떠나가게 하므로 돈을 벌지 못한다. 돈을 벌기 위해서는 좋은 인간관계가 필수적이기 때문이다. 이와 같이 돈이 떠나가게 하는 성격들에는 공통점이 있다. 대부분 부정적 성격을 띠고 있다는 점이다. 즉 우리가 생각할 때 부정적이라 여겨지는 성격으로는 부자가 되기 힘들다는 뜻이다. 그렇다면 어떻게 해야 할까?

정말 부자가 되고 싶은데 내가 위의 성격 중 많은 부분을 갖고 있다면 당장 성격 개조에 들어가야 한다. 왜냐하면 이런 부정적 성격을 갖고서는 아무리 앞에서 열거한 부자의 습관을 따라하려 해도 부정적 성격이 그림자처럼 따라다니며 훼방꾼 역할을 할 것이기 때문이다.

그렇다면 과연 한 사람의 성격을 바꿀 수 있는 것일까? 여기에서 에이, 어떻게 성격을 바꿀 수 있어, 라며 태클을 거는 사람들이 많을 것 같다. 물론 한 사람의 성격은 앞에서도 이야기했듯 든버릇난버릇으로 고착화돼 있기에 거의 바꾸기 어렵다.

하지만 '거의'라는 말에 집중하라. 거의라는 말은 1%라도 가능성이 있음을 암시하는 단어다. 따라서 바꿀 수 없다, 라는 말과 거의 바꾸기 어렵다는 말은 매우 큰 차이를 가진다.

거의 바꾸기 어렵다는 말에는 일말의 바꿀 수 있는 방법도 있음을 뜻하기 때문이다. 바꿀 수 없다면 희망은 0인 반면 일말의 바꿀 방법이 있다면 이는 1%라도 희망이 생긴다. 이건 절망과 희망의 차이니 하늘과 땅 차이가 난다.

쌍둥이가 있었는데 똑같이 말기 간암에 걸렸다. 의사는 가망이 없다며 고개를 떨구었다. 쌍둥이 형은 그렇게 3개월을 버티지 못하고 저 세상으로 갔다. 하지만 쌍둥이 동생은 달랐다. 쌍둥이 동생은 의사의 말에 되물었다. 살아날 가망이 정말 하나도 없느냐고? 의사는 말기 간암의 경우 95%가 사망한다고 알려주었다.

의사의 말에 쌍둥이 동생은 쾌재를 부른다. 왜냐하면 95%의 불가능보다 5%의 가능성을 봤기 때문이었다. 그날로 쌍둥이 동생은 간암이 나으려면 어떻게 해야 하는지 공부했다. 거처를 산속으로 옮겨 좋은 공기를 마셨으며 가공식품을 피하고 오로지 자연식으로만 먹었다. 결국 그러기를 3년, 쌍둥이 동생은 여전히 살아 있었으며 병원 검사 결과 완치되었다는 기적적 소식을 들었다.

민주주의는 다수의 법칙을 신봉한다. 하지만 진리는 때론 다수가 아닌 소수에 있을 가능성이 더 높다. 예를 들어 암 사망률 같은 경우가 그것이다. 앞의 말기 간암의 경우 사람들은 사망률 95%에 집중하지만 진리는 5%에 집중한다.

즉, 진리란 '암에 걸리면 죽는다'가 아니라 '암은 낫는 것이다'가 진리란 이야기다. 사람들은 진리를 모르기에 오늘도 부지기수가 암으로 죽어간다. 하지만 진리를 쫓는 사람들은 비록 암에 걸릴지라도 살아남는다.

성격을 바꾸는 문제도 마찬가지다. 성격은 바꿀 수 없다는 것은 대다수 사람들의 생각이다. 하지만 이것은 진리가 아니다. 성격도 바꿀 수 있다고 생각하는 소수의 생각이 진리이기 때문이다.

실제 대다수 사람들의 성격에 대한 고정관념과 달리 자신의 성격을 바꾸어 성공한 사람들을 우리는 주변에서 심심찮게 볼 수 있다.

Episode 3

부를 부르는
성격

성격, 얼마든지 수정할 수 있다!

심리학자들에 의하면 성격이란 타고난 기질과 환경의 영향이 뒤섞여 만들어진 산물로 고착화된 것이라고 말한다. 물론 맞는 말이다.

하지만 성격은 또한 변화될 수 있다. 왜냐하면 주변에 얼마든지 그러한 예가 넘쳐나기 때문이다. 성격이 좋던 사람이 갑자기 환경변화에 따라 나빠지고 나이 들면 여자가 남자 성격으로, 남자가 여자 성격으로 변하지 않는가.

앞의 성격 이야기에서 개그맨 이봉원 씨 이야기를 떠올려 보라. 그는 지독히도 내성적인 성격 때문에 학교생활도 힘들 정도라 했다. 그런 그가 어떻게 대한민국 최고의 개그맨 자리에 오를 수 있었을까?

　이봉원은 이대로는 도저히 살 수 없다는 생각에 중대결심을 한다. 성격을 한번 바꿔보겠다고! 결심과 동시에 기회가 왔다. 마침 고등학교 진학을 했는데 자기를 아는 친구들이 거의 없었다.

　이봉원은 기회가 왔다는 생각에 교실 앞으로 나가 코미디언 흉내를 낸다. 그러자 아이들이 배를 잡고 깔깔대지 않는가. 이봉원은 자신감이 확 올라 그때부터 친구들에게 외향적 성격처럼 행동했다. 이봉원의 본 모습을 모르는 친구들은 의심하지 않고 이봉원을 따랐다. 그렇게 이봉원은 자신의 성격을 바꿀 수 있었으며 훗날 최고 개그맨 자리까지 오른다.

　이 외에도 성격을 바꿨다는 사람은 많다. 당장 나 자신이 장본인이다. 나는 이봉원 씨의 이야기를 들으며 어쩌면 나랑 저리도 비슷할까, 생각했다. 나 역시 지독한 내성적 성격으로 고생하다 개조한 경험이 있기 때문이다.

　초등학교 시절, 나는 쉬는 시간 고개도 들지 못한 채 머리를 책상에 쿡 박고 있어야 했다. 친구들 얼굴을 보는 게 부끄러웠으므로. 이 때문에 친구들 놀림도 참 많이 받았다. 집에서도 혹 친척들이라도 올라치면 감히 방문 밖에 나서지 못했다. 그러다 친척과 얼굴이라도 마주치면 귀까지 얼굴이 벌개지곤 했다. 그 정도로 내성적이었다. 그러던 나는 고등학교에 진학하면서 우연한 기회에 이봉원 씨와 비슷한 경험을 한다.

　고등학교에는 나를 아는 친구들이 거의 없었다. 한 번은 나도 모르게 친구들과의 대화에 끼어들었는데 친구들이 막 웃어주었다. 그때 내가 깨달은 것은 이 친구들은 더 이상 나를 조용한 아이로 취급하지 않는다는 사실이었다.

그때부터 나는 가면을 쓰고 애써 활달한 척 했다. 그런데 이게 쌓이고 쌓여 내 안에도 어느 정도 사람들과 잘 어울리고 말도 재미있게 잘 하는 성격이 자라났다.

성격이란 이 같은 것이다. 〈누구나 성격을 바꿀 수 있다〉를 쓴 고코로야 진노스케는 성격을 이렇게 정의하였다.

"성격은 '파트(part)'라는 마음 프로그램의 집합체이다. 세상에 나면서부터 경험하게 되는 갖가지 사건, 들은 이야기, 반복된 일을 통해 파트가 만들어져 마음속에 정착되고, 이들 파트의 집합체가 '가장 빈번하게 반응하는 패턴'을 통해 그 사람의 성격으로 자리 잡는다."

그럴듯한 논리적 접근이다. 실제 어떤 사람은 내성적이면서도 화를 낼 때는 폭발적이다. 또 소심하고 낯가림이 많지만 어떤 일에는 열정적으로 달려들며 허둥댄다. 결국 이 사람의 성격은 이 많은 부분들이 모여 만들어지는 셈이 된다.

고코로야 진노스케는 이러한 성격을 한꺼번에 바꾸려 하지 말고 하나씩 하나씩 마치 컴퓨터 프로그램을 삭제하고 다시 생성하는 것처럼 성격의 부분들을 지우고 새로운 성격으로 바꿀 수 있다고 말한다.

나는 진노스케의 주장에 동의하지만 생각이 다른 부분도 있다. 컴퓨터 프로그램처럼 새로운 성격을 생성시키는 것은 가능하나 기존의 성격을 완전히 삭제하는 것은 불가능하다고 생각하기 때문이다.

즉, 기존의 내 성격이 A라 하고, 바꾸고 싶은 성격을 B라 했을 때 내 노력여하에 따라 바뀌는 내 성격은 B가 아니라 기존 A의 성격에 새로운 B의 성격이 추가된 A + B가 되는 방식이다. 이를 식으로 표현하면 다음과 같다.

$$C(변화된 성격) = A(기존의 성격) + B(새로운 성격)$$

즉, 기존의 내 성격에 새로운 성격이 추가되는 방식으로 내 성격이 변하는 것이다. 어떤가? 성격이 이처럼 변화 가능한 것이라면 한번 도전해 보고 싶지 않은가. 동양 역학에서도 팔자란 고정된 것이 아니라 성격을 바꾸면 운명도 바꿀 수 있다고 했다. 그러니 자신의 성격에 문제가 있다고 생각된다면 당장 성격 수정에 도전해 보기 바란다.

부를 부르는 성격

이제 부를 부르는 성격에 대하여 살펴보자. 이것은 간단하다. 앞에서 가난을 부르는 성격의 반대가 바로 부를 부르는 성격이기 때문이다. 항상 현재 문제의 해결책은 정반대편에 있음을 기억하라.

- 절약하는 성격
- 부지런한 성격
- 결단력 있는 성격
- 대범한 성격
- 절제를 잘하는 성격
- 일하기 좋아하는 성격
- 의지적인 성격
- 자립심이 강한 성격
- 끈기가 강한 성격
- 긍정적 성격
- 잘 웃는 성격
- 상처를 잘 받지 않는 성격
- 잘 배려하는 성격
- 이타적 성격
- 겸손한 성격

당신은 위 15개 성격 중 몇 가지를 갖고 있는가?

아마 빈자라면 위의 성격 중 대부분을 소유하지 못하고 있을 가능성이 높다. 부자라면 위 성격 중 몇 가지 이상을 갖고 있을 가능성이 높을 테고.

위 15개 성격 중 단 하나도 갖고 있지 못한 사람이라도 실망할 필요는 없다. 당장 지금부터라도 15개 성격을 만들기 위해 노력하면 되기 때문이다. 반드시 기억해야 할 사실은 '성격은 얼마든지 내 노력으로 바꿀 수 있다'는 것이다.

만약 당신이 지금의 내 모난 성격을 위 15개 성격으로 바꾸려 노력한다면 정말 놀라운 일이 일어난다. 지금까지 내 부정적 성격의 혼탁한 기운 때문에 돈이 나를 따르지 않았다면 노력하는 순간부터 혼탁한 기운이 떠나가기 시작하므로 돈의 방향이 나를 향하여 틀게 될 것이다.

무엇보다 위 15개 성격의 중요성은 돈의 한계를 넘어선다는 데 있다. 왜냐하면 이와 같은 긍정적 성격을 가질 경우 이제 돈보다 더 소중한 사람이 나를 따를 것이기 때문이다. 돈을 얻으면 일부를 가진 것이지만 사람을 얻으면 전부를 가진 것이 된다. 돈보다 사람이 더 귀하지 않는가. 이때 나는 단지 돈 많은 부자의 차원이 아니라 사람 부자의 차원으로 승격한다.

사람 부자란 단지 아는 사람이 많은 부자를 뜻하는 것이 아니라 나를 닮으려는 사람이 많은 부자다. 따라서 사람 부자는 또 다른 사람 부자를 만들어내어 사회에 유익을 준다.

그런 의미로 위 15개 성격을 갖기 위해 노력하는 것은 돈뿐만 아니라 사람을 구하고 이 사회를 구하는 매우 뜻 깊은 결과를 만들어내는 일이 된다.

03

돈을 버는
좋은 성격
훈   련

성격,
훈련으로 고칠 수 있다

Episode 1

성격, 훈련으로 고칠 수 있다

성품, 성격, 성질 - 품격질

성격은 모든 인간관계의 근원으로 작용하는 요물이다. 이 놈 때문에 갈등이 생기고 다툼이 일어나기 때문이다. 좋은 성격이라면 갈등과 다툼이 좀 줄어들 테고 나쁜 성격이라면 갈등과 다툼이 폭발할 것이다.

성격 문제로 가장 극명하게 갈등을 일으키는 곳이 가정이다. 남편과 아내가 성격이 서로 맞는 가정은 거의 드물다. 이상하게도 남편과 아내는 성격 차이로 다툼이 잦다. 성격 차이 때문에 거의 전쟁을 치르고 있는 가정도 부지기수다.

남편이 털털한 성격이면 아내는 완벽주의다. 아내는 수건 한 장 제대로 처리하지 않는다고 남편에게 화를 버럭 낸다. 아내는 말로 푸는 성격인 반면 남편은 꿍 하는 성격이다. 결국 이 때문에 두 사람의 싸움은 더욱 깊어지고 만다. 이것이 성격 때문에 벌어지는 가정의 비극이다.

가정뿐만 아니라 사람이 모이는 곳에서는 언제나 이러한 성격 때문에 비극이 벌어지게 마련이다. 하지만 그럼에도 성격 좋은 사람은 이런 비극을 덜 겪는다. 도대체 성격에는 어떤 비밀이 있기에 이런 차이가 나는 걸까?

사람의 성격을 좀 더 나누어 보면 성품, 성격, 성질로 구분할 수 있다. 성품이란 성격의 가장 높은 단계이고 성격은 중간, 성질은 가장 낮은 단계이다. 그래서 성격이 나쁜 사람은 대개 가장 낮은 단계인 성질을 잘 부린다. 반면 성격이 좋은 사람은 가장 높은 단계인 성품이 올곧은 편이다.

당신은 부자들이 성질부리는 것을 많이 보았는가, 아니면 빈자들이 성질부리는 것을 많이 보았는가. 답하지 않아도 느낌이 올 것이다. 만약 한 사람의 인격을 바라볼 때 성품이 떠오르면 그 사람은 높게 평가되고 그냥 성격만 떠오르면 중간, 성질이 떠오르면 그 사람은 낮게 평가된다.

이처럼 성격을 품격질로 나눠 생각해 보면 이제 성격에 대하여 좀 더 깊은 항해를 할 수 있다. 내가 생각하기에 품격질은 다음 그림처럼 존재할 것이라 여겨진다.

성품은 고귀한 것으로 가장 깊은 내면에 위치한다. 그 바깥에 성격이 존재하고 제일 겉에 성질이 자리한다.

성질은 육체적 본능에 따라 드러나므로 주로 폭발적 반응으로 상대에게 피해를 준다. 내면의 가장 바깥에 위치하므로 드러내기 쉬울 수 있다.

성격은 이성적 내면에 의해 드러나므로 상대에게 좋은 영향을 줄 수도 있고 나쁜 영향을 줄 수도 있다. 내면의 중간에 위치하므로 필요에 따라 드러낼 수도 감출 수도 있다.

성품은 이상적 본성에 따라 드러나므로 상대에게 선한 영향을 준다. 하지만 내면의 가장 깊은 곳에 있어 드러내기가 쉽지 않다.

품격질 성격 훈련

이제 앞에서 제시한 부를 부르는 성격 15가지가 위의 어디에 해당하는지 살펴보라. 아마도 성질에 해당하는 것은 없다. 대부분 높은 성격 또는 성품에 해당하는 것들이다.

반면 가난을 부르는 성격 15가지는 어디에 해당하는가? 대부분 낮은 성격, 성질에 해당하는 것들임을 알 수 있다. 따라서 부를 부르는 성격 15가지를 기르기 위해서는 성질을 버리고 성격, 성품을 높이기 위해 노력해야 한다는 결론에 이를 수 있다.

그림까지 보여주며 품격질의 내면 위치에 대해 이야기한 이유는 성격 개조 훈련을 위해 필요하기 때문이다.

내면에서 가장 바깥은 프로이드의 자아 3분류 중 이드가 위치한 곳이다. 이드란 본능에 따라 반응하는 자아다. 내면에서 중간은 프로이드의 자아 3분류 중 자아가 위치한 곳이다. 자아란 본능에 더하여 이성도 함께 작동하는 자아다. 내면에서 가장 깊은 중심은 초자아가 위치한 곳이다. 초자아란 이상적 행동을 유도하는 자아다.

가난을 부르는 성격이 많은 사람들은 주로 이드(본능)에 의해 반응할 확률이 높다. 반면 부를 부르는 성격이 많은 사람들은 자아(이성), 초자아(이상)에 의해 반응할 확률이 높다. 이제 성격을 변화

시키기 위한 훈련은 이드의 활동을 줄이고 자아와 초자아의 활동을 늘이는 방향으로 진행되어야 한다. 그런데 여기서 가장 중요한 것이 초자아임을 명심하라.

초자아란 만능해결사이다. 앞에서 이야기한 나쁜 습관, 모난 성격 등의 문제를 해결할 충분한 힘을 가진 존재이다. 흔히 초능력이란 말을 쓰는데 이 초능력 또한 초자아에서 나오는 힘의 한 종류다. 예를 들어 불난 집에서 어머니가 초능력을 발휘하여 애를 구해내는 장면은 초자아가 발동한 예다.

초자아는 정상적 이성 상태에서는 거의 발현하지 않는다. 뭔가 열정에 불타오를 때, 강렬한 꿈을 향해 갈 때, 큰 사명을 이루고자 할 때 등 특수한 상황에서 불꽃처럼 피어오른다. 성공의 꿈을 꾸고 열정적으로 나아가는 사람들에게서 주로 이 초자아가 드러난다.

또한 초자아는 뭔가 하나에 깊게 몰입할 때 드러나기도 한다. 뉴턴이나 아인슈타인이 위대한 발견을 할 수 있었던 까닭도 바로 이 초자아가 발동했기 때문이라 할 수 있다.

이제 초자아가 뭔지 느낌이 오는가. 이 초자아를 발동시킬 수 있다면 못할 것이 없지 않겠는가.

품격질 성격훈련은 바로 이 초자아를 움직이는 것으로 시작할 수 있다. 초자아의 도움 없이 단지 성질을 고치겠다고 나서면 십중팔구 백전백패다. 대부분 성질을 고친 사람들을 살펴보면 초자아가 작동했음을 발견할 수 있다.

나쁜 성격을 고치는 것도 마찬가지다. 아무리 내 이성을 작동시켜도 되지 않는다. 초자아의 도움이 절실하다. 앞에서 이봉원 씨가 자신의 성격을 고친 것이나 내가 성격을 고친 것도 정말 죽고 싶을 정도의 간절함이 초자아를 발동시켰기에 가능할 수 있었다.

Episode 2

1000일의 품격질 훈련

초자아와 함께 하는 성격훈련

그렇다면 어떻게 초자아를 움직일 수 있을까? 만약 당신에게 간절한 꿈이 있다면 바로 그 꿈이 초자아를 움직이는 힘이 될 수 있다. 꿈이 없다면 꿈 대신 의미를 찾아라. 내가 살아가야 하는 이유를 찾는다. 사실 꿈보다 소중한 것은 내 삶의 의미다. 꿈꾸는 사람들이 열정적인 이유는 그 꿈이 내 삶의 의미를 던져주기 때문이다.

삶의 의미는 먼 곳에서 찾을 필요가 없다. 사실 지금 내가 하는 일에서도 충분히 찾는다. 직장인이라면 하고 있는 일에서 선한 영향력을 끼치는 것이 내 삶의 의미가 될 수 있다. 가정주부라면 가족들이 잘 될 수 있게 좋은 영향을 주는 것이 삶의 의미가 될 수 있다. 학생이라면 내가 하는 공부로 사회에 선한 영향력을 끼치겠다는 것이 삶의 의미가 될 수 있다.

이처럼 삶의 의미란 나 혼자만의, 내 가족만의 성공이나 행복이 아니라 우리의 성공과 행복을 추구할 때 누구에게나 생길 수 있는 보물과도 같은 것이다. 부자가 되겠다는 꿈도 마찬가지다. 단지 내 욕망을 채우기 위해 부자가 되는 게 꿈이라면 그에게서 삶의 의미를 찾기란 어렵다.

하지만 우리의 행복을 위해 선한 영향을 주기 위해 부자가 되는 게 꿈이라면 이것은 매우 훌륭한 삶의 의미가 된다. 이런 사람에게 초자아는 그대로 발현될 수밖에 없다.

만약 이런 꿈이나 삶의 의미가 강렬히 생겼다면 그때부터는 무의식적으로 초자아가 움직이기 시작한다. 하지만 명심할 것은 초자아가 움직여도 여전히 나의 자아와 이드가 이를 방해한다는 사실이다. 그래서 훈련이 필요하다.

품격질 성격훈련 역시 앞에서 제시한 적두노의 방법으로 시행할 수 있다. 이제 내가 바꾸고 싶은 성격을 적는 것으로 적두노 품격질 성격훈련이 시작된다. 여기에서도 잊지 말아야 할 것은 반드시 관련 개념에 대해 매일 깊게 공부하는 자세다.

적두노에서 '두'에 해당하는 부분이다. 내가 바꾸고자 하는 부분적 성격과 관련된 개념에 대한 지식이 얇다면 나는 그만큼밖에 노력하지 못한다. 반대로 내가 바꾸고자 하는 부분적 성격과 관련된 개념에 대한 지식이 두껍다면 나는 그만큼 더 노력할 수 있다.

사실상 내 노력의 향방을 결정하는 것이 '지식의 두께'이다. 따라서 이 지식의 두께를 쌓기 위한 노력을 열심히 해보라. 그때 나에게서 점점 성질이 줄어들고 성품이 늘어나는 경험을 할 것이다.

바꾸고 싶은 성격 〈예〉

- 매사에 불평불만이 많은 성격
- 화를 잘 내는 성격
- 쉽게 상처받는 성격
- 독선적 성격
- 지나치게 잘난 체하는 성격

습관 실천표(월간 주간)

주차	구체적 계획
월간 목표	〈예〉 - 바꾸고 싶은 성격 하나하나에 대한 깊은 지식 공부를 한다. - 내가 바꾸고 싶은 성격을 매일 3번 이상 소리 내어 외친다. - 깨달은 부분을 매일 실천한다.
1주차 (일~ 일)	- 바꾸고 싶은 성격 하나하나에 대한 깊은 지식 공부를 한다. - 내가 바꾸고 싶은 성격을 매일 3번 이상 소리 내어 외친다. - 매사에 불평불만이 많은 성격
2주차 (일~ 일)	- 바꾸고 싶은 성격 하나하나에 대한 깊은 지식 공부를 한다. - 내가 바꾸고 싶은 성격을 매일 3번 이상 소리 내어 외친다. - 매사에 불평불만이 많은 성격 - 화를 잘 내는 성격
3주차 (일~ 일)	- 바꾸고 싶은 성격 하나하나에 대한 깊은 지식 공부를 한다. - 내가 바꾸고 싶은 성격을 매일 3번 이상 소리 내어 외친다. - 매사에 불평불만이 많은 성격 - 화를 잘 내는 성격 - 쉽게 상처받는 성격

4주차 (일~ 일)	– 바꾸고 싶은 성격 하나하나에 대한 깊은 지식 공부를 한다. – 내가 바꾸고 싶은 성격을 매일 3번 이상 소리 내어 외친다. – 매사에 불평불만이 많은 성격 – 화를 잘 내는 성격 – 쉽게 상처받는 성격 – 독선적 성격
5주차 (일~ 일)	– 바꾸고 싶은 성격 하나하나에 대한 깊은 지식 공부를 한다. – 내가 바꾸고 싶은 성격을 매일 3번 이상 소리 내어 외친다. – 매사에 불평불만이 많은 성격 – 화를 잘 내는 성격 – 쉽게 상처받는 성격 – 독선적 성격 – 지나치게 잘난 체하는 성격

습관 실천표(일간)

날짜	구체적 목표 (하루에 성격 훈련과 관련된 행동 1개 이상 하기)	평가
1		
2		
3		
4		
5		
6		
7		
8		
9		
10		
11		
12		
13		
14		
15		
16		
17		
18		
19		
20		
21		
22		

23		
24		
25		
26		
27		
28		
29		
30		
31		

1000일의 품격질 훈련, 2차적 지식 공부

이제 내가 바꾸고자 하는 성격과 관련한 지식을 공부하는 방법
에 대해 설명하고자 한다. 내가 바꾸고 싶은 성격이 다음과 같다
고 가정해 보자.

　- 매사에 불평불만이 많은 성격

　- 화를 잘 내는 성격

　- 쉽게 상처받는 성격

　- 독선적 성격

　- 지나치게 잘난 체하는 성격

여기서 중요한 것은 하나만 있고 둘은 없다는 사실이다. 하나란
부를 부르고자 한다면 불평불만, 화내기, 쉽게 상처 받지 않기, 독
선 안 부리기, 잘난 체 하지 않기 등을 해야 한다는 지식이다. 사

실 이런 지식은 거의 상식에 가까울 정도로 웬만한 자기계발서에는 다 있다.

하지만 이런 지식의 맹점은 어떻게 해야 불평, 불만을 하지 않을 수 있는지? 어떻게 해야 남을 미워하지 않을 수 있는지? 왜 남을 미워하지 말아야 하는지? 어떻게 해야 잘난 체하지 않을 수 있는지? 정확한 답이 없다. 내가 이야기하는 둘이란 바로 하나의 지식에 대한 구체적 답을 얻는 지식을 말한다.

이러한 2차적 지식에 대해 공부할 때 중요한 것은 각자가 자기 논리로 해법을 내놓는 사람들이 많다는 사실이다. 오늘날 쏟아져 나오는 자기계발서나 자기계발 강사들의 이야기를 들어보면 이와 관련된 지식을 접할 수 있다.

하지만 이들이 제시하는 답이 그럴 듯해 보이지만 따라해 보면 금방 모순을 발견할 수 있다. 그 지식은 자기에게 맞는 것일지 몰라도 모두에게 적용하기에는 문제가 있다.

나는 오늘날 세상의 문제가 바로 이 때문에 생긴다고 생각한다. 어떻게 해야 하는지 하나에 대한 답은 나와 있지만 둘에 대한 답이 없다. 그래서 우리는 지금도 길을 잃고 혼란에 빠져 있다.

현재 나와 있는 지식들이 다 그럴듯해 보이지만 따라 해도 잘 안 되는 이유는 지식의 깊이 때문이다. 따라 해도 안 되는 지식은 단지 표면 지식에 그쳐 있기에 안 된다. 그래서 지식의 두께를 파고드는 공부를 해야 한다. 그때 비로소 그 지식의 진짜 의미를 깨닫고 그 지식대로 따라할 수 있는 힘을 갖는다. 비로소 변화의 행동이 시작된다.

예를 들어 자존심에 대해 이야기해 보자. 자존감이 내적으로 나를 존중하는 마음이라면 자존심은 외적으로 다른 사람 앞에서 나를 존중하는 마음이다. 이러한 자존심은 우리 생활에서 사용될 때 주로 자존심을 내세운다, 자존심 상한다는 말로 쓰인다.

즉 자존심 때문에 상처받는 일이 많다. 이런 자존심에 관한 1차적 지식은 주로 자존심을 내세우지 마라 정도가 대부분이다. 그런데 어떻게 자존심을 내세우지 않을 수 있는지 2차적 지식이 없다.

지금까지 내가 공부한 자존심에 관한 2차적 지식의 예를 말하자면 자존심은 인간의 존엄성 때문에 존재하는 것인데(동물에게는 없다), 대신 이것은 다른 사람 앞에서 쓰는 것이므로 조심해서 써야 한다. 이게 선을 넘으면 다시 나를 치기 때문이다.

따라서 자존심이 불쑥 올라오려 하는 그 순간 누그러뜨려야 한다. 그때 누그러뜨리지 않으면 나는 자존심을 내세우고 상처받는 단계로까지 나아간다. 물론 이렇게 하는 것이 말처럼 쉽지 않으며 내 갖춤의 정도에 따라 차이가 난다. 갖춤이 높은 사람일수록 이런 실천이 가능해지며 이때는 자존심을 죽이지 않으면서도 컨트롤할 수 있다.

또 하나 명심할 것은, 성격의 변화를 위한 노력이 하루 이틀로 되는 것이 아니란 사실이다. 정말로 부단한 노력이 필요하다. 왜냐하면 이것은 그동안 내 몸처럼 굳어버린 든버릇난버릇을 깨는 일이기 때문이다.

앞에서 습관을 기르기 위해서는 66일의 반복적인 연습이 필요하다고 했는데 성격을 고치는 일은 차원이 다른 습관 고치기다. 물론 급한 성격, 내성적 성격 등의 단순한 성격 훈련은 66일로 가능하겠지만 부정적 성격 부분은 나면서부터 만들어진 나의 본질적 버릇을 깨는 일이므로 더 많은 시간이 필요하다.

따라서 이러한 변화를 위해 100일, 나아가 1000일의 노력이 필요하다. 하지만 이렇게 해서라도 내 부정적 성격을 바꿀 수 있다면, 그래서 나도 부자가 되고 성공의 위치에서 많은 사람들에게 이로움을 줄 수 있다면 이 정도 노력을 투자하는 것은 아깝지 않다. 어떤가? 당신은 이런 일에 당신의 열정을 투자하고 싶지 않은가!

참고도서 및 자료 ——————————

〈물은 답을 알고 있다〉 에모토 마사루

〈무기여 잘 있거라〉 어니스트 헤밍웨이

〈습관의 힘 – 반복되는 행동이 만드는 극적인 변화〉 찰스 두히그

〈부자의 생각, 빈자의 생각〉 공병호

〈행동하지 않으면 실패도 성공도 없다〉 데일 카네기

〈가고 싶은 길을 가라〉 로랑 구넬

〈미움받을 용기〉 기시미 이치로, 고가 후미타케

〈부자의 습관 빈자의 습관 : 평범한 사람도 부자로 만들어 주는
44가지 작은 습관〉 명정선

〈1억 모을래? 그냥 살래?〉 맹재원

〈부자 아빠 가난한 아빠〉 로버트 기요사키

〈희망을 끓이는 남다른 감자탕 이야기〉 이정열

〈누구나 성격을 바꿀 수 있다〉 고코로야 진노스케

〈실패한 사람들은 말의 8할이 부정이다〉 프란체스코 알베로니

〈걱정도 습관이다〉 최명기

영화 〈관상〉